AF617443

EL MONSTRUO EN EL CINE

PUNTO DE VISTA EDITORES

ADRIANO MESSIAS

EL MONSTRUO EN EL CINE

NUEVOS SÍNTOMAS DEL MALESTAR EN LA CIVILIZACIÓN

Traducción de José Luis Sansáns

PUNTO DE VISTA EDITORES

Colección **Historia y pensamiento**, 62

Título original: *Cinema e antropoceno: Novos sintomas do mal-estar na civilização*

Obra publicada com o apoio da Fundação Biblioteca Nacional, do Ministério da Cultura do Brasil, e do Instituto Guimarães Rosa, do Ministério das Relações Exteriores do Brasil / Obra publicada con el apoyo de la Fundación Biblioteca Nacional, del Ministerio de Cultura de Brasil y del Instituto Guimarães Rosa del Ministerio de Relaciones Exteriores de Brasil

Primera edición: abril, 2026

Publicado por Punto de Vista Editores
C/ Mesón de Paredes, 73
28012 (Madrid, España)

info@puntodevistaeditores.com
puntodevistaeditores.com
@puntodevistaed

Coordinación editorial: Miguel S. Salas
Corrección: Luis Porras Vila
Diseño de cubierta: Ezequiel Cafaro

ISBN: 979-13-87624-43-9
Thema: JBCC, GTD
Depósito legal: M-5100-2026

Impreso en España – *Printed in Spain*

Artes Gráficas Cofás, Móstoles (Madrid)

Este libro ha sido impreso en papel ecológico, cuya materia prima proviene de una gestión forestal sostenible.

Sumario

Nota del autor

Aunque el título original del libro de Freud era *Das Unbehagen in der Kultur*, es decir, *El malestar en la cultura*, mi opción por *civilización* en el subtítulo de esta obra dialoga con las elecciones de enfoque teórico que hago en ella. Al abordar el Antropoceno, tema de grandísima amplitud, creo que el término *civilización* puede abarcarlo mejor.

Presentación

Este texto es el tercero que da continuidad a *Todos los monstruos de la Tierra: bestiarios del cine y de la literatura* y *El monstruo como condición humana. Antropoceno y colapso de la civilización*, sin que ello impida disfrutar plenamente de su lectura de forma independiente. Hasta ahora, el que considero el principal trabajo de mi carrera como investigador se presenta en una pentalogía: además del ejemplar que estás leyendo y los citados anteriormente, también escribí *Antropoceno, epidemias y pandemias: de la prehistoria a la covid-19* y *Antropoceno: un tratado general sobre el fin del mundo humano*, todos pertenecientes al catálogo de la editorial brasileña Blucher, en una colección que llamé Monstruosidades. En todos los volúmenes, desarrollo miradas múltiples y transdisciplinarias para tratar de comprender la complejidad de la civilización en la «Era de lo Humano», el Antropoceno.

Mis textos suelen incluir, como ejemplos de aplicaciones teóricas, análisis de películas y series que, para mí, sirven de puntos de partida para la reflexión. Empleo en primer lugar un doble instrumental —el psicoanálisis y la semiótica— y, mediante la convergencia entre ellos, discurro por otros terrenos epistemológicos. No obstante, ambos han de ubicarse necesariamente en un contexto en el que los avances científicos y tecnológicos hacen surgir, en un espacio de tiempo cada vez más corto, grandes innovaciones, lo que exige una mayor adaptación y conocimiento por parte de sus profesionales.

Si, en la mayoría de los casos, estos profesionales se valen del contacto presencial para explorar los andamiajes de la subjetividad en sus consultorios de análisis clínico, las indagaciones que giran alrededor del sujeto contemporáneo y también de la cultura en la que él hace sus síntomas pueden dilucidarse mejor mediante otros campos: la biogenética, la robótica, la arqueología, la paleoantropología, la climatología, la dendrología, las neurociencias, la telemedicina y la medicina asistida por inteligencia artificial, y la neurología cognitiva y del envejecimiento son algunas de ellas, que coexistirán con profesiones cada vez más necesarias, como la de científico de datos, analista de Big Data, ingeniero de aprendizaje automático, consultor en biomímesis, farmacéutico-genetista, analista de ciberciudades y arquitecto e ingeniero 3D.

Si, durante décadas, un fósil o un artefacto prehistórico tenía que ser analizado por medio del tacto, de los rayos X y de las lupas, ahora existe una profusa tecnología de imágenes y de datación disponible para contar una historia *sapiens* más fiable.

Del mismo modo, si hasta los años 1980 o 1990 un psicoanalista tan solo contaba con los buenos legados teóricos y discursivos de las ciencias humanas y sociales de la línea francesa, por ejemplo, ahora puede recurrir a conocimientos de vanguardia que enriquecerán su enfoque sobre el sujeto.

Es innegable que la gran revolución se está produciendo en este siglo en todos los campos de lo humano. No podemos olvidarnos de que una buena parte de las teorías envejece: lo que funcionó en los años 1960 o 1970 puede que no sirva ahora. Y hay que ser muy valiente para abandonar los viejos cánones y asumir una nueva postura.

Faltan todavía especializaciones para quienes necesitan estar orientados a la mitigación de los impactos del Antropoceno, y esta es una demanda hercúlea que carece de sinergia entre diversas áreas.

Asimismo, de aquí en adelante también se les exigirá un alto nivel de *expertise* a los profesionales que se dedican a la salud mental. La civilización está enferma de sí misma y por culpa de sí misma.

Con esta *Presentación*, quiero animarte a que te levantes un poco de la silla para analizar y observar el bullente mundo que se encuentra, muchas veces, simplemente al otro lado de la ventana.

1
De la angustia, de la fobia y de otros animales

> Somos parte de una especie animal que quedará olvidada a nivel geológico, llegará un punto en el que seremos una capa de calcio debajo de una capa de ceniza, debajo de una capa de cantera. La especie humana apenas será una tira de unos pocos milímetros de grosor, y ahí estarán la lista de compra, las obras completas de William Shakespeare, *El Quijote* de Cervantes y la Guía del Ocio.
>
> Guillermo del Toro[1]

Los monstruos están por ahí, desde siempre: son también nuestros otros. Hace décadas que se dan cita en el cine, las series de televisión, los videojuegos y la literatura. No hay forma de huir de ellos, y los he tomado como paradigma para reflexionar sobre lo humano. Sin embargo, cuando una novedad llamada cinematógrafo llegó a Viena, Sigmund Freud ya había cumplido los 40. Era un hombre letrado en una ciudad dividida entre la tradición y la modernidad, y se puede decir que aquellas imágenes grisáceas e intermitentes no llamaron la atención del padre del psicoanálisis. Cuenta la leyenda que nunca vio una sola película en toda su existencia, a pesar de haber afirmado que nuestra conciencia era similar a un proyector óptico.

En España, la cinematofobia bloqueó emocionalmente al público adulto que vio llegar la máquina que proyectaba imágenes en movimiento en 1898. No sería hasta la década de 1930 cuando el cine cobraría prominencia en este país a partir de la obra de Luis Buñuel, en especial gracias al inquietante sueño en celuloide *Un perro andaluz* (1929). Los entusiastas del séptimo arte de la tercera década del siglo xx representarían una generación que había crecido en los «nickelodeons», aquellas pequeñas y primitivas salas de cine, viendo cortos de comedia y series de aventuras y del oeste. No es casualidad que el emblemático corto de Buñuel —en colaboración con Dalí y de filiación surrealista— rindiera homenaje al psicoanálisis y al descubrimiento del inconsciente con sus famosas escenas impregnadas de lo onírico, casi tres décadas después de la publicación de *La interpretación de los sueños* (1900).

Elegí España y la expresión cinematográfica del mexicano Guillermo del Toro para estructurar el perfil de una de las investigaciones que realicé durante uno de mis posdoctorados en Barcelona: nada más cercano y, al mismo tiempo, extraño y ajeno a nosotros que la sombra de quienes colaboraron en la constitución cultural y, con ello, hago referencia a la Península Ibérica y a América Latina.

En Iberia, que históricamente viene extendiendo sus brazos por ultramar, residen parte de los síntomas que también reconocemos como nuestros, en Brasil. Estos, a su vez, necesitan ser transformados en un discurso simbólico para que podamos encontrar respuestas en los tiempos que atravesamos: «En el discurso simbólico que abriga el deseo es donde encontramos, entonces, su mayor vibración y por donde corre el cauce de desciframiento del malestar en el individuo y en la cultura».[2] Por lo tanto, cuando hablo de la civilización, me refiero, evidentemente, a la experiencia de cuerpo, un cuerpo hablante y agujereado que, dependiente del complejo engranaje pulsional, goza y sufre los impactos del malestar de la cultura que, al fin y al cabo, hoy se traduce en el temido Antropoceno. Aporto aquí, por lo tanto, una mirada a los cuerpos y a las implicaciones de lo tecnológico desde el cine, especialmente desde el de Del Toro.

Para Pérez y Ortega,[3] existen tres dimensiones en la concepción humana del conocimiento: una normativa, una descriptiva y una visionaria. La normativa ofrece el punto de vista de los subyugados frente al hegemonismo que los oprime. En la descriptiva, se halla el deseo de universalidad e historicidad bajo los auspicios del posexpansionismo europeo, lo que contribuyó al crecimiento del capitalismo, el militarismo, el racismo y el sexismo. La tercera, la visionaria, muestra la necesidad que tienen los feminismos de diseñar una mejor descripción del mundo por medio de proyectos políticos. Hay que recordar que muchas ideas contemporáneas en torno al cuerpo se deben a la medicina del siglo XIX, y reflexionar sobre lo corporal implica ubicarlo dentro de una amplia gama de referencias y representaciones históricas, sociales y culturales. Y es ahí donde entra en juego el cine.

El creciente interés de nuestra sociedad por los impactos de la tecnología en el mundo tiene que ver con la hiperaceleración capitalista de la posguerra de la Segunda Guerra Mundial, periodo en el que se originó la mayor crisis ambiental de la que tenemos noticia en la humanidad, desencadenada por pruebas nucleares, deforestación, polución excesiva de las ciudades, contaminaciones de todo tipo e intoxicaciones por productos farmacéuticos y agrícolas, a lo que hay que sumarle diversas guerras. Por un lado, el sentimiento de frustración e impotencia recorre nuestra especie cuando se constata que los avances científicos no necesariamente redundan en el respeto a los derechos humanos y en una propuesta ética para la convivencia en el mundo. Por otro lado, movimientos y corrientes de pensamiento variados, como los feminismos, vienen ofreciendo alternativas para repensar sobre las disparidades y bipolaridades entre humano y máquina, cultura y naturaleza, donde sobresalen los trabajos de Donna Haraway y su epistemología posmoderna,[4] en la que critica, por ejemplo, los binarismos inherentes a los conceptos de sexo y de género.

El tema de las tecnologías monstruosas y sus imbricaciones con lo humano en el ámbito de la ficción audiovisual dicen mucho de un término que está en boga desde hace tiempo: la angustia. Etimológicamente, *angustus*, en latín, alude a un estrecho y profundo desfiladero que los caminantes tenían que cruzar, muchas veces huyendo de los bandoleros. Aquí recreo una imagen muy ibérica; andaluza, incluso, y no por casualidad. La expresión también nos conduce a los estrechos marítimos desafiantes y turbulentos, las llamadas *angusturas,* como es el caso de Gibraltar.

Este «salto al vacío» era también el propio *angustus* (angosto) que, de accidente geográfico, pasó a representar sensaciones y percepciones. El angustiado a menudo describe físicamente el pecho y la garganta como estrechados, violáceos. En la medicina más antigua, las *angustiae* estaban relacionadas con las gargantas de los animales. La *angina pectoris,* que comparte la misma raíz que *angustia,* suele tener como síntomas la opresión en el pecho y la dificultad para respirar. Y angustia es también la sensación de obstrucción en la garganta que provoca el vómito. Así, esta conocida desazón, que parece tan contemporánea, señala una primera demarcación geofisiológica humana: habita en el propio cuerpo, armazón modificable y mutante de la subjetividad.

En 2006, cuando el psicoanalista Miquel Bassols llegaba en avión a Granada para participar en una conferencia sobre el *Libro 10. La angustia,* de Jacques Lacan, se vio sorprendido por un aterrizaje frustrado, y aprovechó este suceso para abrir su discurso en la mágica ciudad andaluza.[5] Teniendo en manos el texto de esa charla, convertido por la Universidad de Granada en un discreto libro, reconocí puntos que convergen con mis enfoques de investigación: en primer lugar, Bassols destacó la importancia de la angustia, la «epidemia silenciosa», como fenómeno que se encuentra en buena parte de los diagnósticos en la actualidad, capaz incluso de superar a los de la depresión. Evidentemente, el término *epidemia* se emplea aquí únicamente para describir un proceso (me atrevo a decir psíquico, cultural e incluso con repercusiones neurológicas) en el que la angustia se revela en la singularidad del sujeto y en los mecanismos de su interacción con el mundo. O sea, es capaz de «deslizarse» de un sujeto a otro, casi por una especie de «contaminación» y, así, se puede plantear la hipótesis de que hay una parte de la angustia de un sujeto que es fuertemente interdependiente del malestar colectivo.

En el caso brasileño, un ejemplo claro fueron los meses previos a las elecciones presidenciales de 2018, cuando gran parte de la población estaba angustiada por el temor de que un candidato de extrema derecha, con un discurso violento e ideologías neofascistas, llegara al poder e instaurara una dictadura, violando así los derechos humanos adquiridos paulatinamente por la joven democracia sudamericana. Los pacientes llevaban al diván la caótica situación política como un factor sumamente angustioso en sus vidas.

La angustia puede sobrevenir tanto de un suceso esporádico y concreto —como el sufrido por Bassols y, probablemente, el resto de pasajeros del avión— como de la ansiedad de millones de personas ante el resultado de unas urnas, o incluso de las emociones complejas que se experimentan al ver una película o serie de terror. Claro está que, en la ficción, todo es más domable, a diferencia de lo que ocurre ante las amenazas de la vida cotidiana, cuando la angustia nos arrastra con su galope desenfrenado.

Según Lacan, el objeto de la angustia es extraño.[6] Hoy, se reviste con diferentes terminologías, desde ataques de pánico y fobias hasta TDAH y crisis de ansiedad. Lacan ya había reiterado, en una frase célebre, que la angustia no era sin objeto. Para él, el desafío residía en hacer que el sujeto siga el hilo de Ariadna que puede ser la vivencia angustiante, en el afán de discernir el objeto que causa el sufrimiento. Conviene, así pues, en un trabajo como este de análisis de la cultura, buscar una escucha o, mejor aún, una mirada —ya que lo audiovisual es ante todo escópico— que vislumbre lo que puede haber detrás de la angustia. Aquí, en concreto, de la que nos hace sufrir cuando pensamos en una «tecnología monstruosa», a saber: incomprendida e incomprensible; disponible para muchos, pero, al mismo tiempo, excluyente; capaz de alterar el cuerpo a un nivel aún no totalmente estudiado; susceptible de convertirse en un arma en manos de estados, partidos y facciones totalitarias —en resumidas cuentas, perversa como consecuencia de la acción humana—. En este sentido, pretendo visualizar la participación tecnológica en el malestar específico de este momento del siglo. Un panorama así se refleja también en las producciones de ficción, sorprendiéndonos sobre todo cuando constatamos que lo monstruoso, en realidad, habita lo humano.

En esta parte de mi texto, sigo los apuntes del psicoanalista catalán Miquel Bassols sobre un seminario lacaniano fundamental para entender el sufrimiento: pensemos que, impulsados por la falta de la falta, los sujetos contemporáneos se dejan llevar por la devoración proveniente de los mismos objetos que se vuelven necesarios a su deseo, de ahí el fenómeno del «consumista-consumido».

El «caballo del pensamiento», preciosa metáfora lacaniana de la angustia, tiene, para Bassols, equivalencia en algunas poesías de Federico García Lorca. En ellas, la figura del equino aparece como un objeto angustiante, coincidiendo con el mismo tema objetal fóbico del pequeño Hans: «Huye luna, luna, luna, / que ya siento sus caballos»,[7] de *Romance de la luna, luna*; «Soledad de mis pesares, / caballo que se desboca, / al fin encuentra la mar / y se lo tragan las olas»,[8] de *Romance de la pena negra*, ambos poemas de la obra *Romancero gitano*, 1924-1927. En los dos primeros versos citados, los gitanos raptarán a la mujer-luna, conforme interpreta Bassols, y el imperativo *huye* suena como una señal de angustia para ella. En el fragmento del segundo poema, el caballo «desbocado», arrastra al sujeto hasta que este último sea engullido por las olas del mar.

Si tuviéramos que elaborar una lista de objetos con este potencial angustiante/fóbico en la ficción, surgiría un hermoso e interminable trabajo. El caballo, sin embargo, nos resulta muy ilustrativo por su predilección —tanto mitológica como mediática— como elemento vinculado a la angustia: pensemos en el sorprendente regalo a la ciudad de Troya, que esconde, insospechado en su vacío, la más temida amenaza para el pueblo del rey Príamo.[9]

En España, en 2018, una de las mayores cadenas de comida rápida del mundo te «regalaba» un cojín si pagabas un euro más al pedir un menú grande. En el anuncio televisivo se podía ver a un joven muy feliz, bailando mientras abrazaba el cojín que le dieron al comprar su bocadillo y su refresco.[10] El anunciante decía: «¡Llegan los cojines de McDonald's y tu cuerpo lo sabe!». Esta es la función del consumismo al explorar, en el sujeto, aquello con lo que no logra lidiar: su propio deseo. Y, así, el consumidor va siendo despistado durante toda la vida por caballos indómitos que se le aparecen en todo momento. De hecho, el anuncio no miente cuando dice que «tu cuerpo lo sabe»: es un saber sufrido, común a todos nosotros, cargado de goce. Consumir es un martirio en este momento de la civilización. El sujeto contemporáneo no acepta perder nada.

En psicoanálisis existe una conexión muy estrecha entre angustia y fobia, siendo esta última una especie de «materialización» del objeto, aunque poco eficiente, de la primera. Escribo «poco eficiente» porque, por una parte, la angustia es capaz de condensarse en objetos bastante complicados para la cotidianidad de un sujeto. Por otra, una fobia bien organizada, especialmente cuando se vincula a un objeto más exótico, sería una forma muy interesante de lidiar con la propia angustia. Lo que pasa es que hay más gente con miedo a quedarse atrapada en espacios cerrados que gente con fobia a las gallinas. Además, la angustia, como signo, no debe borrarse[11] y, si así se pretende —lo que ocurre en el marco de las terapias cognitivo-comportamentales, por ejemplo—, seguramente reaparecerá más adelante acompañada por sus síntomas. Este poder de desplazamiento de la angustia la convierte en un recurso para la creación de la propia historia del sujeto, que tiene mucho de ficción, lo que es un componente fundamental de su fantasma.

Miquel Bassols afirma que Jacques Lacan, en el *Libro 10. La angustia*, construye argumentaciones y análisis en un recorrido similar al de una película o una serie de suspense.

Ahí también hay algo hitchcockiano que engancha al lector por medio de digresiones y filigranas. Son, como siempre, delicados y precisos movimientos de pinza en desplazamientos a través de los cuales Lacan busca abordar el complejo tema, precisamente en un momento angustioso de su vida, cuando fue «excomulgado» de la Asociación Psicoanalítica Internacional, en noviembre de 1963.

> El Seminario tiene más la apariencia de los desplazamientos de un móvil, de una cámara, que va intentando agarrar ese objeto de la angustia, que se va desplazando de una escena a otra. Con todo, Lacan nos da —ya en el primer capítulo— una imagen, una foto fija de lo que para él es una escena de angustia. Nos da una descripción —daliniana— de lo que para él, Jacques Lacan, es una escena angustiante. Está en la página 14, y viene al hilo de cuando Lacan habla de la relación especial que tiene la angustia con el enigma del deseo del Otro. Ciertamente, si hay algo que nos angustia es no saber qué es lo que el Otro quiere de nosotros.[12]

Ese Otro puede estar, por ejemplo, en la tecnología y en sus aparatos, así como proyectarse en la figura mesiánica de un político o de una forma de gobierno, ya sea autoritaria o democrática. La angustia no sabe de qué se angustia, dice Bassols,[13] y tampoco sabe qué rostro tiene ante el Otro en la experiencia angustiaste, un punto de referencia en el pensamiento lacaniano en este tema. Se considera que hay mucho de siniestro (*Unheimlich*, también traducido como lo ominoso o inquietante extrañeza) y de extimidad en la angustia, cuando el Otro aparece con su potencia devoradora.

Para el cometido al que me propongo en este texto, la comparación que Bassols hace entre el «seminario de la angustia» y el cine es muy lúdica, sobre todo cuando el psicoanalista catalán elige la obra *Alien, el octavo pasajero* (Ridley Scott, 1979) y todas sus secuelas, hasta la fecha, como una especie de metáfora de cómo Lacan construye sus magníficas aportaciones en relación con la contundente tópica de la angustia. De ahí viene el juego cinematográfico, porque, en efecto, muchas películas lidian con la cuestión de la espera del espectador por lo que pasará, surgirá o aparecerá (o no, ya que, muchas veces, el objeto causante de la angustia en una película ni siquiera asoma). Y no se debe revelar ese secreto a menudo, ya que el cine de terror, de suspense y de ciencia ficción se quedaría sin una de sus estrategias narrativas más brillantes. Por eso, siempre separo las cintas de terror «explícito» —como las de violencia y tortura en las que el asesino en serie sale al principio— de aquellas que logran de hecho trabajar la angustia. Estas últimas obras son las que nos mantienen, al acabar la proyección, en el lubricán proporcionado por la experiencia parahipnótica del cine. Por lo tanto, creo que una de las claves para operar en la esfera de la angustia ficcional es hacerlo de una manera mucho más gótica que *gore* —aunque ambas pueden encontrarse—. Como explica Bassols (2011):

> sabemos que el cine de terror tiene algo, que es justamente hacer aparecer —no del todo, pero algo— el objeto de angustia, de modo que el sujeto queda agarrado a esa escena sin poderse sustraer, aunque sea tapándose los ojos. (El sujeto que se tapa los ojos frente a la pantalla, en realidad, está queriendo ir más allá de la pantalla para ver qué es lo que hay detrás de ese objeto de la angustia).[14]

La palabra catalana que Bassols utiliza para referirse a quien se va de la sala de cine tras ver una angustiante película de terror es *esperitat*, que, en español, correspondería incluso a *endemoniado* (*espiritado*) y, en el caso de la lengua portuguesa, podría igualmente traducirse como «excitado», «sobresaltado», «con los nervios a flor de piel»: alguien que, de hecho, estuviera espantado por algo del plano demoníaco —entendiéndose en este caso como «el demonio interior».

La angustia es, por tanto, el caballo negro sobre el que galopa el jinete sin cabeza, de la famosa leyenda escrita por

Washington Irving y llevada a la gran pantalla por Tim Burton. No se sabe a ciencia cierta de dónde viene ni adónde va; mucho menos qué cabeza será cortada, aunque haya evidencias de su presencia y sus intenciones.

El alien de Ridley Scott y la mantis religiosa de Lacan

También en el *Libro 10. La angustia*, Lacan, en la lección 1, del 14 de noviembre de 1962, imaginó encontrarse con una monstruosa mantis religiosa, ante la cual llevaría puesta una máscara parecida a la faz del insecto. Es aquí donde ilustra que la angustia le llegaría al sujeto por el hecho de no saber cómo es para el Otro. Cito la explicación lacaniana, larga pero necesaria para este contexto:

> recordaré la fábula, el apólogo, la imagen divertida que erigí ante ustedes por un instante. Revistiendo yo mismo ante ustedes la máscara animal con que se cubre el brujo de la gruta llamada de los Tres Hermanos, me imaginé frente a otro animal, éste de verdad, que supuse gigante en aquella ocasión, una mantis religiosa. Como yo mismo no sabía qué máscara llevaba, pueden imaginarse fácilmente que tenía alguna razón para no estar tranquilo ante la posibilidad de que, debido a algún azar, aquella máscara fuese impropia, induciendo en mi partenaire [la mantis] algún error sobre mi identidad. La cosa quedaba acentuada por lo siguiente, que añadí, yo no veía mi propia imagen en el espejo enigmático del globo ocular del insecto. Esta metáfora conserva hoy todo su valor. Justifica que haya puesto en el centro de los significantes en esta pizarra la pregunta que hace tiempo introduje como la bisagra entre los dos pisos del grafo, en la medida en que éstos estructuran aquella relación del sujeto con el significante que, según creo, debe ser la clave de lo que introduce sobre la subjetividad la doctrina freudiana, *Che vuoi?, ¿Qué quieres?* Fuercen un poco más el mecanismo, hagan entrar más la llave y tienen ustedes *¿Qué me quiere?* [Que me veut-il?], con la

> ambigüedad que el francés permite respecto al me, entre el complemento indirecto o directo. No es solo ¿Qué pide, él, a mí? [que veut-il a moi?], sino también una interrogación suspendida que concierne directamente al yo, no *¿Cómo me quiere?* [comment me veut-il?], sino *¿Qué quiere en lo concerniente a este lugar del yo?* [que veut-il concernant cette place du moi]. La pregunta se mantiene en suspenso entre los dos pisos [...].[15]

En varias escenas de *Alien, el octavo pasajero* y de otras películas de esta saga —sobre todo cuando, durante algunos segundos de suspense, el espectador está a la deriva y a la espera—, la angustia es notoria. Durante gran parte de la duración de la película inaugural, el monstruo no aparece, pero va dejando señales, rastros pegajosos y daños allá por donde pasaba o estaba. Podemos resumirlos todos como signos que el espectador interpretará, verdaderos avisos de peligro y causantes de angustia. El alien, este Otro abominable y aparentemente irracional, no es aquí una gigantesca mantis religiosa, como metaforizó Lacan en su fábula, pero asume una función similar.

En el ingenioso monstruo que habita la nave espacial de Ridley Scott hay, sin embargo, algo que nos remite a los insectos en aquello que pueden presentar de repugnante y metamórfico, pero no solo eso. La constitución física del alien, tan opuesta a la nuestra, remite al mismo tiempo al humano, el cual, a su vez, también es un alienígena para el poderoso monstruo. Si, por un lado, en las distintas fases de crecimiento del xenomorfo de Scott es posible que haya similitudes con el desarrollo de diversos seres en la biología de la Tierra, por otro, la criatura madura, espantosa y «adulta» se posiciona como un posible resultado evolutivo jamás soñado por la constitución corpórea y adaptativa humana.

Las etapas de desarrollo creadas para ese monstruo cinematográfico son ingeniosas: en la película de 1979, el alien nació de un huevo, que luego pasaría a tener cuatro lóbulos que se abrían por encima. En esa etapa inicial, la poderosa arma biológica tendría que detectar un probable huésped mediante sensores (la araña en la tela o el mosquito y sus sensores de dióxido de carbono mantienen estrategias de supervivencia dentro de este mismo raciocinio). El siguiente nivel sería el «abrazacaras» (o *facehugger*), cuando el bicho aparecía con ocho extremidades, una cola musculosa, pero todavía sin ojos. Por eso, sus sensores de dióxido de carbono, movimiento o calor le ayudaban a encontrar a sus víctimas. Tras «abrazarlas», la criatura introducía en sus bocas una probóscide que descendía por la garganta hasta liberar el embrión, al que el huésped suministraría oxígeno. El cuerpo de la víctima, no obstante, acabaría asfixiado con la cola alrededor del cuello.

En la primera entrega de la saga, el doctor Ash informa que el alien era capaz de reemplazar sus células por silicio y soportar condiciones muy adversas. Su sangre sería ácida y circularía por vasos de silicona, los cuales no podrían corroerse. El embrión se desarrollaría al devorar al anfitrión de dentro afuera, hasta convertirse en el «revientapechos» (el *chestburster*), una criatura que se creó mediante capturas genéticas del otro invadido. A partir de entonces, el monstruo adquiriría aspectos del ser dentro del cual se gesta: por ejemplo, podría ser bípedo o cuadrúpedo —este segundo caso ocurrió cuando un alien estaba encubado en un perro en la película *Alien3* (David Fincher, 1992)—; o podría ser un *predalien*, como en el caso de *Alien vs. Predator* (Paul W. S. Anderson, 2004). En la fase adulta, el alien tendría un exoesqueleto en la parte superior del cuerpo, así como un endoesqueleto debajo. La aterradora y clásica imagen de una segunda boca saliendo de la primera se asemeja a lo que hacen algunas anguilas cuando arrastran el alimento con un segundo par de mandíbulas (pero en sentido inverso a como lo hace el xenomorfo). Por su parte, los álienes adultos son seres sociales que alimentan a una enorme reina que pone huevos, al igual que hacen nuestras termitas.

En definitiva, todo alien es una pesadilla biotecnológica que revela una función especular y por eso también asusta tanto. Sin embargo, la angustia vive en el suspense, nunca en la certeza. El monstruo de Ridley Scott, al revelarse a los humanos, entra en otro plano, mucho más cercano a lo fóbico que a lo angustioso en el sentido atribuido por Lacan: el alien entonces se presenta como objeto, así como el caballo para el pequeño Hans. El espectador ya sabe lo que es el monstruo espacial, aunque ya lo suponía —y ahí está, evidentemente, el juego de lo inverosímil en el que participamos cuando vemos una película.

Bassols[16] refuerza que *Alien, el octavo pasajero* es una bonita película para plasmar la tópica freudiana de la angustia, ya que la asustada tripulación de la nave espacial emplea un detector de movimiento de alienígenas que, pese a advertir una presencia extraña —o sea, un objeto angustiante—, no llega a garantizar efectivamente la seguridad de la tripulación. El monstruo está ahí, pero en el pasillo no se ve nada más que el angustioso vacío:

> esos tres, cuatro, cinco, seis segundos que se extienden en la escena son —casi diríamos— toda la película. Esos cinco, seis segundos del sujeto ante la nada del objeto, ante la señal de que ese objeto está ahí, ese tiempo tan particular que no se puede medir con el reloj o el cronómetro, que es el tiempo de la subjetividad ante la angustia.[17]

En su texto, Bassols explica que, cuando en la película los humanos constatan la presencia explícita del monstruo, se rompe la suspensión, el *encore*, y se produce la huida, es decir, el momento de la fobia (que en el pasado ya se llamó «histeria de angustia»), metáfora de la fuga del sujeto del objeto aterrador. En este aspecto, la película *A ciegas* (Susanne Bier, 2018) puede considerarse una alegoría a la pulsión escópica, al objeto del deseo y sus prohibiciones: en la trama, los humanos enloquecen al ver una criatura que nunca se le aparece al espectador, ni se explica su origen ni finalidad.

Lo que nos llega son indicios de ella, como el repentino susurro de las hojas de los árboles y el revuelo de los pájaros o, incluso, los iris alterados de quienes no pudieron resistirse a admirar la fascinante monstruosidad. Las vendas en los rostros de los personajes hacen las veces de escudo imperfecto de Perseo: ellos mismos se las ponen, no porque sean un recurso eficaz, sino porque los distraen momentáneamente de la conclusión del goce pulsional que los arroja al abismo de la violencia y de la muerte.

Digo que el tiempo de la angustia también se parece a un tiempo de demoníaco embarazo, como el de Rosemary de Ira Levin (1967), cuya novela fue llevada al cine por Roman Polanski: «Empezó a sentir contracciones; una, un día; otra, otro día; luego, ninguna; luego, dos...».[18] Utilizo esta metáfora para hablar del periodo de suspensión en el que el sujeto mantiene contacto con lo que le es más ajeno y que, al mismo tiempo, está más entrañado en él. Se trata de la Cosa pero también de lo éxtimo, es decir, de la pura alteridad ensimismada: un dentrofuera que debería usarse como uno de esos inteligentes neologismos del escritor brasileño Guimarães Rosa.

En el *Libro 16. De un Otro al otro*, Jacques Lacan decía que el objeto «a» era éxtimo. Este concepto, que desafortunadamente no tuvo tiempo de seguir desarrollando, fue reelaborado en un curso de Jacques-Alain Miller de 1985, publicado como libro en 2010, en el que este último autor presenta lo éxtimo como aquello que más íntimo tendríamos: una especie de elemento extraño que se manifiesta en nosotros, se despliega, dice de nosotros y, al mismo tiempo, es otra cosa. Lo éxtimo se relaciona con una topología espacial: la figura toroidal y neumática es quizás la que más se acerca a mostrar didácticamente ese agujero que, precisamente por eso, está rodeado de algo. Todo vacío existe porque hay un borde y una circunscripción, un discurso o un intento discursivo, puesto que siempre hay alguien que presupone: «Ahí, donde nada veo, presiento que hay algo».

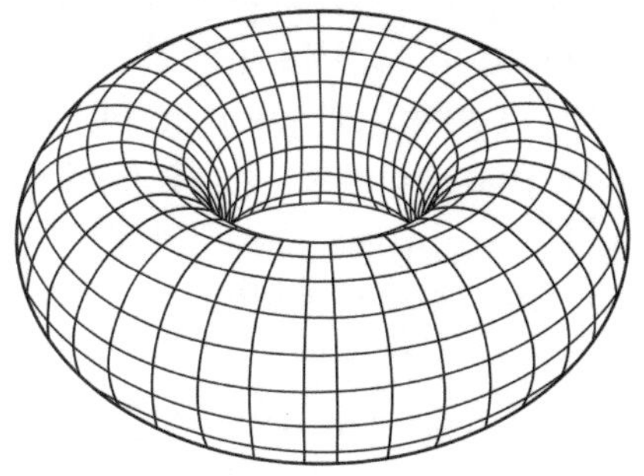

El toroide: metáfora de lo éxtimo lacaniano
Fuente: ilustración de Frederico Moreira

Lo que hizo Lacan fue seguir los pasos de Freud, que no veía nada de causalidad —y sí de ilusión— en una situación fóbica. En el cuerpo hablante, en las entrañas del *parlêtre*, se halla lo exagerado de la fobia: la inmensa desproporción entre lo que de hecho sucede en la realidad fuera del cuerpo y en él; la discrepancia entre un estímulo y una respuesta.

Los artistas pueden tener la facilidad de sublimar sus miedos y pánicos en las obras. Alfred Hitchcock, que tenía varios miedos —entre ellos, a los policías, que afloró a partir de un episodio de su infancia en el que su padre le pidió a un agente que retuviera a su hijo en una celda durante unos minutos tras una travesura—, supo localizar muy bien estados fóbicos en sus personajes, como en el clásico *Vértigo* (1958), en el que el policía que dejó caer a su compañero sufría acrofobia; *Los pájaros* (1963), con sus aves enfurecidas metaforizando la rivalidad entre una madre y la pretendiente de su hijo; *Recuerda* (1945), en la que un psiquiatra siente pavor por el blanco del mantel; y el conocido caso de Marnie, que tenía mucho miedo al color rojo y también a los rayos (*Marnie, la ladrona*, 1964).

El objeto a-conceptual de la angustia es imposible de representar, como recuerda Bassols.[19] Sin embargo, hago aquí una ligera modificación: es imposible «presentarlo», pero sí que puede «representarse», y eso es lo que hace el arte. Hay una mención clásica a Freud, que era fóbico al teléfono, a la muerte y a los viajes en tren. Esta última afirmación es del propio Bassols,[20] cuando explica que el padre del psicoanálisis se extrañó en el espejo del vagón en el que se encontraba, reconociendo por instantes, en la superficie reflectante, a otro que no era él —su propio deseo doble—. «Ahí donde el sujeto se angustia, ahí tenemos algo del *deseo* que está seguro en juego».[21]

Siguiendo los pensamientos de Bassols, afirmo que el mundo contemporáneo crea tácticas para evitar sus «objetos aterradores». Esto no solo tiene que ver con sistemas gubernamentales y estrategias de seguridad, sino también con un insistente movimiento para evitar y rechazar al otro, al extranjero, al inmigrante, al «loco», al aparentemente diferente, ya que el que molesta presenta rasgos, señales y signos que también residen en el habitáculo *dentrofuera* del sujeto aterrado. Al mismo tiempo, ese otro es clasificado, juzgado, diagnosticado, etiquetado, reducido a un nivel de inferioridad, según el caso. El temor al otro, a lo que viene de fuera, tan solo confirma la dificultad de darse cuenta de aquello que hay dentro de cada uno, inseparable, indemne a cualquier muro o valla: el Otro.

La globalización ha provocado y enfatizado nuevos síntomas culturales, al tiempo que le ha permitido al sujeto particularizar victimizaciones y miedos en sus propias burbujas existenciales: por ejemplo, la vida artificiosa y aprisionadora de las urbanizaciones privadas y los discursos totalitarios de la extrema derecha que sufren varios países del mundo han demostrado la ineficacia de ahuyentar al otro, puesto que este siempre forma parte de la diversidad humana. No se puede apartar a ese otro, es necesario aceptarlo mediante un proceso siempre muy personal.

La falta de la falta hodierna viene a subrayar la angustia de verse escindido, nunca suprimido ni completado, empujándonos hacia el plus-de-goce, hacia el consumismo desenfrenado y hacia objetos que lo único que hacen es taponar lo que por sí solo ya se desborda todo el tiempo. Los síntomas de la cultura apuntan hoy a la polarización de ideas inconsistentes que dividen pueblos. En el consumismo y en la intolerancia reside ese «objeto de goce terrorífico», por utilizar un término de Bassols.[22] En definitiva: es el alien que nos persigue por el pasillo de la nave, que, al final, descubrimos que es, toda ella, un enorme monstruo del que no podemos huir, lo que va en la línea del pensamiento de la medievalista Claude-Claire Kappler (1986), quien ya sostenía que la angustia y el deseo formaban monstruos.

En varios cuentos populares, especialmente en aquellos similares a los de *Las mil y una noches*, es común encontrar la figura de una bruja que desea ardientemente un determinado objeto. Para ello, prepara una pócima, y luego se la toma para transformarse, por ejemplo, en un animal que, al ser pequeño o alado, podrá perpetrar un robo sin que nadie se dé cuenta. Lo que sucede invariablemente es que, al regresar de la metamorfosis, la hechicera no recupera su cuerpo anterior tal y como era: siempre hay un elemento del animal en el que se había transformado (una pata de pájaro, por ejemplo, en el lugar de un pie) o, incluso, la mujer pierde parte de su vitalidad y aparece arrugada y envejecida (en este tema cito las películas *Los vampiros* [Mario Bava y Ricardo Fredda, 1957] y *Simbad y el ojo del tigre* [Sam Wanamaker, 1977]). La búsqueda desenfrenada de objetos imposibles que reflejen nuestra no aceptación de la castración consume, ciertamente, parte de la energía proveniente de la pulsión de vida. Este es también uno de los efectos de esta sociedad que alimenta el consumismo voraz y la demanda de cuerpos imposibles.

Las inquietudes que me impulsaron a escribir este libro provienen de cuánto ha cambiado en la historia el concepto de monstruo —lo que explanaré mejor más adelante— especialmente desde el siglo XIX.[23] Se trata de un movimiento en estrecha conexión con los avances tecnológicos, desde la manipulación de especies biológicas, pasando de los hibridismos genéticos hasta a los transgénicos, siguiendo por la inserción de elementos en el cuerpo humano (desde ortesis y prótesis hasta sustancias químicas sintetizadas en el laboratorio, pasando por la nanotecnología), además de toda la ingeniería de robótica y de IA, que proponen no solo robots de servicio, sino también duplicaciones del ser humano a un nivel inimaginable.

Buena parte de lo que vivimos hoy fue fábula, anécdota o ciencia ficción en su momento. Si las maquinaciones y los esbozos que planteamos para el futuro se plasmarán en el plano ficticio o si se convertirán en una realidad cotidiana el día de mañana, no se sabe. Siempre hay lugar para la especulación y el sensacionalismo, cada vez más transformados en el término de moda, las *fake news*. Sin embargo, las cuestiones angustiantes que emergen en la contemporaneidad no solo afloran con más fuerza en momentos de delirio colectivo. Por ejemplo, es un hecho que cada vez hay más personas aisladas en «burbujas tecnológicas» dentro de sus hogares, reducidas a una vida social mantenida por conexiones virtuales. Puede que, de aquí en adelante, este sea el nuevo modelo de relaciones intersubjetivas preferido por nuestra especie. Sin embargo, psicoanalistas, psiquiatras, neurocientíficos y demás profesionales se preocupan por los aspectos patológicos que moldean estos comportamientos en la actualidad.

A su vez, cegada por el entusiasmo por los logros del silicio y de la ubicuidad, una gran parte del mundo ignora a otra enorme porción del planeta que permanece ajena al llamado «progreso científico».

Esta se ve abandonada a su suerte en todo tipo de calamidades: conflictos armados, guerras civiles, guerrillas entre facciones fanáticas, desnutrición, escasez de vivienda y epidemias. Lo que acabo de relacionar en este párrafo también representa algunos de los terribles marcadores del Antropoceno, como vengo discutiendo en mis obras.[24]

El cine, desde sus orígenes, ha sido una lente imponente que nos permite vislumbrar lo que el ser humano intuye en sus movimientos para garantizar su propia supervivencia. Al mismo tiempo, nos vemos afectados por el inconsciente y sus revoluciones. El mundo de las cosas, al que muchos también quieren atribuir intencionalidad, no está evidentemente atravesado por el inconsciente freudiano. Como ilustración, Mark Fisher cita el incómodo monolito de *2001: una odisea del espacio* (Stanley Kubrick, 1968), cuyas cualidades no naturales hacen suponer que fue creado por seres inteligentes de otra especie,[25] lo que, en 2018, tuvo un equivalente realista en el intrigante asteroide llamado Oumuamua, que generó varias hipótesis y contundentes artículos científicos que señalaban un posible objeto confeccionado artificialmente.

2
Revoluciones de la plasticidad

Desde el siglo pasado, por lo menos, las tecnologías de la comunicación vienen contribuyendo significativamente a cambiar las concepciones sobre los rasgos más característicos del ser humano: no solo el sexo, el género, la orientación sexual, la etnia, la condición social y la percepción del tiempo y el espacio, sino también la confusa amalgama entre moral y ética —uno de los pilares de la herencia humanista que puede cambiar rápidamente de un periodo a otro.

Vivimos unas relaciones tan intensas entre el hombre-máquina, la máquina-hombre y la máquina-máquina que el concepto de intersubjetividad ya no se restringe a lo que se produce exclusivamente entre los seres de nuestra especie. Subrayo que aquí no hablo del «sujeto», sino de la «subjetividad». Asistimos a formas de experiencia que nos sitúan en un vertiginoso proceso de formulación de preguntas: ¿qué es el cuerpo?, ¿qué puede el cuerpo?, ¿qué es lo humano?, ¿adónde iremos?, todas ellas impregnadas de un tono angustioso.

A finales del siglo XVII, la máquina de vapor y la transformación de la energía térmica en energía mecánica determinaron la Primera Revolución Industrial. La electricidad, a mediados del siglo XIX, facilitó la producción en serie, asegurada por la creciente mecanización del trabajo en el siglo anterior, y ello engendró una segunda revolución. La tercera nacería tras la Segunda Guerra Mundial, con la llegada de la electrónica, la cibernética, las tecnologías de la información y, luego, la comunicación y el intercambio de datos por internet, cuyas bases se asientan en la década de 1960.

En el siglo pasado, el Proyecto Manhattan, el Programa Espacial y el Proyecto Genoma Humano permitieron grandes avances científicos y tecnológicos, cuando palabras como *bioinformática* y *bioética* pasaron a formar parte de las discusiones laicas y mediáticas. Sin embargo, la agilidad con la que se producen estas transformaciones en la cultura no permite la absorción de todo lo nuevo por parte de todas las generaciones que conviven en un mismo periodo, ni el acceso a lo tecnológico se da por igual para todos los pueblos. Aunque comúnmente se denominen «nuevas tecnologías» a los dispositivos y sistemas que nos llegan, no son más que consecuencias de la propia infraestructura de la revolución digital desde hace algunas décadas, que sirve de sustento para el panorama en el que nos encontramos.

En este contexto, el psicoanálisis freudo-lacaniano sirve como un operador analítico y un reflexivo socio para un enfoque semiótico centrado en la imagen, con énfasis en el cine y las series de televisión. Sin embargo, nuestros recursos expresivos son tan múltiples que se interponen e interpelan en todo momento.

Para algunos,[1] ya estamos viviendo la Cuarta Revolución Industrial, consecuencia de la tercera, iniciada por el ordenador: esta es la era de los wearables,[2] de la impresión 3D, de la IA cada vez más difundida (robots domésticos y drones ultraespecializados), del ChatGPT, de la internet de las cosas (IoT), del multimapeo corporal para diagnósticos completos, de los avances de la biocibernética en los implantes de tejidos y extremidades, de las conexiones neuronales para la rehabilitación de funciones perdidas, de las ciudades operadas por sensores electrónicos, de la edición y reedición genética, de las empresas que se encuentran «en la nube», de la explotación de recursos naturales fuera del planeta, de los sistemas ciberfísicos de automatización de fábricas. Este es también un mundo de amenazas inusitadas: ciberataques, documentos, objetos y espacios cada vez más pirateables, mediatización y difusión de actos terroristas, máquinas inteligentes cada vez más independientes de los humanos, adopción de cuerpos superheroicos (y superegoicos) y también la llamada «biodesigualdad» (o lo que es lo mismo: la medicina de vanguardia como beneficio para unos pocos). Por un lado, tenemos una longevidad poblacional sin precedentes —en varios países, las generaciones actuales podrán superar los 100 años de vida— y, por otro, brotan patologías sociales específicas de la época (como el aislamiento y la autoflagelación de los adolescentes que pasan el tiempo en redes y juegos virtuales, y las variadas fobias dirigidas hacia lo maquínico y lo tecnológico).

Este estado de cosas lleva a una palabra que últimamente se utiliza mucho: *plasticidad.* El cuerpo que se modifica rápidamente mediante la tecnología contemporánea es solo uno de los reflejos de la capacidad plástica y adaptativa de los humanos. Conviene extender el uso de este significativo término a todo el proyecto de la especie humana, aunque la plasticidad no sea una exclusividad *sapiens.* Con esto, sugiero denominadores comunes para nuestra especie y otras que convivieron con ella, o que incluso la precedieron. Es notorio cómo la visión sobre el ser humano se alterna a cada momento, en especial en las dos últimas décadas: mucho se ha añadido, desde 2006 en adelante, a nuestra paleohistoria mediante hallazgos hipodigmáticos, hasta el punto que algunos investigadores quieren cuestionar la afirmación, bastante asentada durante décadas, de que surgimos exclusivamente en el continente africano.

En primer lugar, debemos pensar que la plasticidad, en un primer nivel de aproximación, engloba los programas genéticos de diferentes formas de vida, permitiendo que las especies se fundan o se separen, se modifiquen y sufran mutaciones, las cuales, ocurridas al azar y, en este sentido, preadaptativas,[3] pueden convertirse en características dominantes o transitorias. En este último caso, incluso señalan la extinción de una determinada especie.

Se puede inferir, en el caso humano, que la formulación genética se suma a la vicarianza —a la posibilidad de separación geográfica entre especies, impuesta a menudo por discontinuidades en el entorno físico— y a la hibridación entre especies próximas (por ejemplo, de los *sapiens* y los neandertales),[4] generando semiespecies o superespecies. Para desarrollar este primer pensamiento en torno a la plasticidad, me baso en las observaciones que el investigador español Antonio Rosas[5] propuso en el ámbito estricto de la prehistoria y de la búsqueda de nuestros orígenes filogenéticos.

Entiendo que la plasticidad, hoy también resultante del uso de la alta tecnología en favor del ser humano, tiene un punto de partida biológico. Hemos sido desde siempre una especie tan plástica y tan habituada a la conectividad que nuestra próxima parada implica la colonización de otros orbes. Ecológicamente, salimos de los bosques y sabanas africanas, pero ahora nos expandimos fuera del planeta, alcanzando, quizás, en décadas futuras, procesos de conformación evolutiva jamás esperados —si no nos destruimos antes.

Hay aún otros dos puntos más sobre los que me apoyo cuando trato la plasticidad: el primero de ellos plantea la idea de evolución en mosaico. Como sostiene Rosas,[6] esta tendría que ver con la copresencia de caracteres primitivos y derivados, descartando cualquier reminiscencia darwinista de evolución rectilínea y progresista. El autor lo atribuye al propio programa de desarrollo de los *Homo erectus*, que parece habernos dado como herencia un disparador adaptativo altamente plástico, empezando por la domesticación del fuego, ampliamente atribuida a dicha especie. Los primeros representantes del género *Homo* debieron surgir hace aproximadamente unos 2,5 millones de años, y la escalada de la hominización hacia lo que se considera el *sapiens* moderno fue muy lenta desde el punto de vista del tiempo humano. Las opiniones difieren sobre qué fue realmente lo que dio origen al *Homo*: para algunos, fue la creación de la industria lítica y el consumo de proteínas animales; para otros, la evolución cerebral.[7] No obstante, posiblemente algunos australopitecos ya fabricaban herramientas.[8]

En lo concerniente al lenguaje, varios descubrimientos se lo han atribuido también a los neandertales, abriéndose aquí una especie de primera herida narcisista en el entorno *sapiens*, que antecede cronológicamente a las tres postuladas por Freud (con Copérnico, no seríamos el centro del universo; con Darwin, seríamos resultado de la evolución natural, y no el pináculo de la creación divina; finalmente, con el propio padre del psicoanálisis, no seríamos amos en nuestra propia casa, ya que ignoramos gran parte del saber inconsciente que nos mueve). Al fin y al cabo, si los antepasados de los europeos adornaban sus cuerpos con pigmentos, cuentas y plumas y tenían interesantes rituales funerarios que indicaban la búsqueda de una determinada trascendencia, no estarían de ningún modo desprovistos del lenguaje simbólico. Y, debido a su considerable universo cultural, los miembros de los grupos neandertales probablemente se comunicaban por medio de la oralidad.[9]

La ya conocida hibridación entre neandertales y *sapiens* también resalta la plasticidad entre especies del género *Homo*. Rosas levanta, asimismo, la sospecha de un antepasado común de neandertales y *Homo sapiens* igualmente capaz de hablar debido a ciertas similitudes plástico-lingüísticas entre las dos especies mencionadas. En 2018, arqueólogos alemanes del Instituto Max Planck de Antropología Evolutiva constataron que los huesos hallados en 2012 en una cueva siberiana eran restos de un humano híbrido, resultado del apareamiento entre neandertales y homínidos denisovanos. Los fósiles son de una niña de 13 años que habría vivido hace más de 50 000 años, llamada Denisova 11, hija de individuos de dos grupos distintos. De esta manera, se rompe una larga tradición que nos señalaba como el punto más alto del perfeccionamiento biológico, arrojándonos a un turbio corolario de interacciones entre especies. Puede ser que ya hayamos surgido con una programación para el lenguaje, lo que nos habría sido transmitido por otros agrupamientos humanos. Así, nuestra plasticidad, especialmente tecnológica, tendría antecedentes remotísimos, en lugar de ser una «invención» exclusiva de nuestra parte.[10]

Hasta aquí, me he ceñido a lo que llamé primera aproximación al concepto de plasticidad. Esta palabra también se utiliza en el ámbito neurológico y neurocientífico para referirse a la capacidad adaptativa del cerebro humano. Lo que ocurre es que muchos de los enfoques neurocientíficos, tan profusos como confusos, ignoran el largo esfuerzo psicoanalítico por demarcar las cuestiones en torno al sujeto en el ámbito freudo-lacaniano. De ahí, el sistema nervioso cobra importancia en los intentos de definir biológicamente algunos de los fenómenos socioculturales más pertinentes, como la violencia excesiva y el terrorismo, por ejemplo.

El movimiento investigativo de los estudiosos de enfoques cognitivistas, por ejemplo, surge casi siempre de la intención de explicar al hombre hodierno a partir de determinadas palancas biológicas y, para ello, acercarse a lo que sucede en otras especies es una estrategia muy común. Los ejemplos dados nos empujan a hacer equiparaciones y analogías con lo que ocurre con los chimpancés, orangutanes, bonobos, gorilas y ratones. Desde un punto de vista zoopaleológico, las argumentaciones son interesantes. Sin embargo, cuando la finalidad es comprender la complejidad de la cultura, muchos trabajos giran alrededor de un sinfín de ejemplificaciones y mapeos cerebrales y parecen no avanzar mucho. Por ejemplo, ciertos rasgos xenófobos del hombre moderno se achacan a la desconfianza atávica que nuestra especie presenta ante los desconocidos, lo que parecía garantizar, en las primeras hordas y tribus, estabilidad y seguridad —según algunos investigadores—. Los grupos de primates antropomórficos son igualmente ejemplificantes en esos estudios, cuando la reorganización cerebral se convierte en una clave interpretativa para desenvolver pensamientos sobre la sociabilización y la violencia. La mirada científica, en este caso, está preocupada con la constitución morfológica y fisiológica del cerebro.[11] Para ello, se utiliza la genética y, más aún, la epigenética, en la búsqueda de la justificación de la agresividad humana, aunque se reconozca la necesidad de estudiar permanentemente la influencia cultural como elemento contribuyente.[12]

Tomo la obra mencionada anteriormente, realizada en cooperación con varios investigadores vinculados a las neurociencias y la psiquiatría, para ilustrar lo que aquí critico. El intento de responder a la pregunta que da título al libro, *¿Somos una especie violenta?*, recorrió caminos un tanto repetitivos, en los que al enfoque cognitivo-conductista se le suman las estadísticas de estudios de muestreo social. El deseado entrelazamiento entre biología y cultura se hace evidente, en este caso, a partir del punto de vista del análisis de datos empíricos obtenidos en investigaciones que ignoran al sujeto, siempre a favor de la llamada evolución cerebral. El cerebro, tal como ocurría en el siglo XVIII, sigue siendo un órgano triunfante, de exposición gloriosa, en el que parecen residir los secretos de la civilización, como si el resto del cuerpo y, más aún, como si la interacción entre los sujetos no contasen. Todo se resume a la genética, a la cognición y al comportamiento. Es por eso por lo que ciertos investigadores afirman que hay componentes biológicos que favorecen los comportamientos delictivos, generalmente ligados a la impulsividad y al temperamento, en correlación con el bagaje genético,[13] y eso es una forma de casar la genética con el entorno, un dualismo que perdura desde el siglo XIX y que puede fácilmente ser cuestionado a partir del concepto de singularidad inherente a cada sujeto. Además, se sabe que la justificación de ciertos comportamientos con bases fisiognómicas o por supuestas herencias genéticas, por ejemplo, abre la puerta a los peligros de la eugenesia que, por aquí y por allá, emergen en ideologías de gobiernos de extrema derecha en todo el mundo.

La idea de genoma, por su parte, trae consigo un brillo fálico: los cambios de comportamiento se atribuyen a mutaciones de genes, los favorecedores de la selección natural. De igual forma, se invoca a la red de neurotransmisores y a las hormonas cuando se habla de «sexo agresivo» (el masculino).[14]

El aporte más importante del grupo que escribió el libro en cuestión se da cuando se adentra en el campo de la plasticidad, específicamente en el de la plasticidad neuronal del cerebro, la cual tiene que ver con la reversibilidad de las modificaciones epigenéticas, revelando, a pesar de que el enfoque muchas veces es un tanto determinista, que hay algo más que suele ser ignorado. Una de las preguntas que se plantean dichos científicos es si el entorno es capaz de modificar la estructura cerebral en relación con las conductas (agresivas, por ejemplo). Los cambios epigenéticos en el genoma, denominados en su conjunto «epigenoma», tienen, para ellos, algo que ver con el control de la vida social,[15] pero sus ejemplificaciones sobre casos de traumas y violencias como fundamentaciones empíricas no son satisfactorias. Decir que «la base genética de la violencia se encuentra sobre todo en la agresividad como comportamiento instintivo»[16] no lo soluciona mucho. Sin embargo, parece que la violencia con respaldo biológico la valida, para aquel grupo de académicos, el hecho de que haya un origen genético para la agresividad y un comportamiento intencional para la violencia. El batiburrillo terminológico que emplean no tiene fin y, no por casualidad, las citas de definiciones de diccionarios son muy frecuentes en la obra que aquí critico. Cuando se afirma que una persona que sale de una relación en la que sufrió violencia de género tiene más probabilidades de experimentar ese mismo tipo de violencia en otras relaciones como consecuencia de un conjunto de instrumentos adaptativos de base biológica,[17] se desprende el lugar evidente que el concepto de goce, en Lacan, tendría allí, capaz de explicar aquello que insistentemente recibe un entendimiento casi mágico por parte de la biogenética.

Otro aporte fundamental a las explicaciones atribuidas exclusivamente al campo neurológico sería el ya mencionado concepto lacaniano de éxtimo —de ahí mi defensa de que un posible trabajo conjunto entre psicoanálisis y neurociencias podría ser muy productivo a pesar de la necesidad de establecer parámetros para análisis conjuntos—.[18] En vez de eso, se insiste en el tándem evaluación-reacción o en componentes endocrinos[19] para reflexionar sobre la complejidad humana. El concepto freudiano en torno a la pulsión, en el libro en cuestión, se redujo a una crítica mal fundamentada de seis líneas, mientras se destacaron las bases biológicas hereditarias de nuestros antepasados.[20] Otro ejemplo, citado también en el referido libro, es el del canibalismo: hay vestigios de que el *Homo antecessor* (hace 750 000 años), el *Homo erectus* y los neandertales practicaban la antropofagia.[21] No queda duda de que la violencia nos acompaña como especie. Y parece que la agresividad y la violencia pueden entenderse como formas adaptativas para la supervivencia de los seres vivos. Sin embargo, no se puede obviar el lenguaje simbólico como impronta humana, como por ejemplo las figuras rupestres prehistóricas que representan actos violentos. Hacer una conexión inmediata todo el tiempo con lo biológico me parece demasiado restrictivo: de la misma manera, por ejemplo, se podría justificar que la homosexualidad humana tiene origen biológico, puesto que muchas otras especies animales la tienen; sin embargo, esto sería, en lugar de alentador, absolutamente limitador para el campo de los estudios de género.

En el ámbito exclusivo de los estudios sobre la violencia, lo que la hace ser una tónica en los asuntos del orden del día no es prioritariamente la herencia filogenética; de lo contrario, siempre seríamos títeres de los dictados de la biología. Lo que contribuiría a entender mejor la inmensa reducción de la capacidad de simbolización de ciertos grupos y sociedades —lo que, en gran medida, aumenta la frecuencia de pasos al acto violentos— sería la aplicación de conceptos psicoanalíticos como el Nombre-del-Padre, el falo, el plus-de-goce, etc. Más allá de pensar en un posible gen del altruismo o de buscar, en un linaje de mamíferos sociales, nuestra propensión a la vida gregaria, conviene estudiar qué nos hace vivir el malestar civilizacional y por qué esta característica es tan específica de nuestra especie, la única capaz de erigir monumentos y lanzar naves espaciales.[22]

El consumo de alcohol, tabaco y otras drogas, el hecho de haber sido víctima de violencia física o, incluso, la exposición a conflictos intercomunitarios, guerras o terrorismo, pueden inducir cambios significativos en la plasticidad cerebral y en el nivel de funcionamiento de determinados genes mediante mecanismos epigenéticos.[23] Por eso, afirman los investigadores, algunas personas violentas habrían tenido un pasado como víctimas de abusos y malos tratos. Se defiende que, en la infancia, el cerebro de los sujetos que han sufrido abusos puede modificarse de tal manera que desencadene conductas inesperadas;[24] asimismo, un razonamiento similar se utilizaría para explicar biológicamente la pedofilia, reforzando una vez más ideas de base zoológica a partir de ejemplos de primates (concretamente bonobos, que, según los investigadores, también muestran comportamientos sexuales entre individuos adultos y no adultos), lo que parece comprobar una fuerte base neuronal presente.[25] De igual modo, los investigadores suponen que el cerebro es el encargado del desarrollo de personalidades propensas al terrorismo debido a las malas influencias que reciben los jóvenes, justo en una fase de la vida en el que el sistema nervioso es más susceptible a las impresiones del entorno. Tales explicaciones, aun estando cargadas de buena voluntad y respaldadas por investigaciones, me parecen insatisfactorias para comprender la amplia problemática en la que la humanidad se halla inmersa.

3
La condición humana como monstruosidad

Existen, ciertamente, narrativas cinematográficas que desean representar el universo de lo poshumano. Sin embargo, lo que se discute hoy en el ámbito artístico y científico no es solo una consecuencia de los movimientos civilizatorios que tuvieron lugar después de la Revolución Industrial, como si la historia anterior a ella no importara nada. El Antropoceno, como vengo exponiendo en otros trabajos,[1] surgió también de un proyecto de vida sedentario de nuestra especie. Mientras algunos neurocientíficos quieren descubrir en qué parte del cerebro se produce una conducta «x» mediante conformaciones epigenéticas, no hay que olvidar que las narrativas humanas más antiguas revelan un refinamiento lingüístico que indica la presencia de la singularidad como fundadora del sujeto. Los descubrimientos arqueológicos, muchos de ellos casuales, son siempre tesoros en museos abiertos que exponen cristalizaciones del tiempo y la materia.

Hace unos 32 000 años, en Chauvet, Francia, los hombres del Paleolítico dibujaban en las paredes de una enorme cueva: antes, con todo, tenían la costumbre de lijar las superficies, pulir las aristas y aprovechar formas y texturas geológicas para obtener los efectos deseados en las imágenes. Al director alemán Werner Herzog (*La cueva de los sueños olvidados*, 2010) solo le concedieron una hora para, acompañado de un diminuto equipo, grabar magníficos paneles de dicha cueva, muchos de ellos realizados por el mismo artista, cuyo dedo meñique torcido quedó impreso de principio a fin de las galerías, una especie de firma de la palma de la mano que demuestra algo de la singularidad de alguien que sabía muy bien lo que hacía y estaba encantado por el mundo al que pertenecía.

Aquella región de la actual Francia era una zona de valle flanqueada por glaciares muy gruesos. En ese corredor ecológico convivían bisontes, rinocerontes, leones, osos, hienas, cérvidos y caballos, una enorme masa biológica. Cuando las imágenes rupestres que han llegado hasta nuestros días se ven a la luz de linternas especiales, uno puede imaginar el efecto que provocaban las antiguas antorchas: en la oscuridad, nuestros antepasados las utilizaban para obtener un resultado que, hoy, llega a ser comparado incluso con una especie de protocinema. Un bisonte de ocho patas o un rinoceronte con cuernos superpuestos sugerían una compleja disposición de imágenes que provocaba la ilusión de movimiento. Asimismo, sobre cierto saliente rocoso aparece la mitad de un cuerpo femenino, una especie de Venus paleolítica, imagen que, unida con la de un bisonte, podría ser —según los científicos que participaron en el documental— una idea ancestral de mitos como el del Minotauro. No se puede, por tanto, reducir a estos hombres prehistóricos al mero «salvajismo» y despojarlos de cualquier sentido estético y de imaginación. Esos dibujos, ensombrecidos por los retratos llenos de estilo y originalidad de animales ya extintos que hoy nos parecen tan instigadores, son un vínculo incuestionable con nuestro mundo: se presentan como indicios del modo en que se comportaban los miembros de nuestra especie en el planeta hace milenios.[2]

El cine, desde sus inicios, se ha mostrado como un arte y un medio muy acostumbrado y receptivo a las tecnologías. Desde la década de 1990, esto ha alcanzado cotas impensables: *Toy Story* (John Lasseter, 1995) es considerada la primera película realizada por ordenador; mientras que *Avatar* (James Cameron, 2009) vino con un viejo invento: las 3D. No solo las películas en las grandes y medianas pantallas han ido ganando cada vez más espacio, sino también el entretenimiento de las pequeñitas, como las de los móviles y tabletas.

La confluencia mediático-tecnológica refleja los cambios que se operan en lo interpersonal y en la forma en como vemos y entendemos el mundo (como en *Tienes un e-mail* [Nora Ephron, 1998] y *Cegados por el deseo* [Mike Nichols, 2004], por ejemplo). Existe una producción audiovisual de tendencia metalingüística, y una muestra de ello son películas como *10.000 KM* (Carlos Marqués-Marcet), *Hermosa juventud* (Jaime Rosales) y *Open windows* (Nacho Vigalondo), todas de 2014, que se abrieron a posibilidades contemporáneas de lo audiovisual: así como la sonorización, cambió la forma de apreciar las películas, aplicaciones como WhatsApp, Instagram y TikTok también contribuyeron a confundir los lenguajes, en una sociedad en la que cada uno puede crear su propia película y su propia novela a partir de fotografías, vídeos y textos escritos.

La tecnología, demasiadamente humana

La tecnología, en cierto sentido, es un *Unheimliche*, ya que se caracteriza por tener un tipo de orientación entre-lugares, sin interponerse totalmente desde fuera, ni venir solo desde dentro. Al mismo tiempo, ayuda a componer lo humano, no habiendo aquí dualidad alguna: muchas veces no existe lo que es de lo humano y lo que es de lo tecnológico; lo segundo es consecuencia de lo primero; forma parte de su constitución y lo moldea enormemente. Pero, aun así, la tecnología nos provoca una fuerte extrañeza: ya sea mediante aparatos externos, implantes o nanorrobots, todas las intervenciones tecnológicas anuncian un más allá que no se puede descifrar en una primera instancia. Al mismo tiempo que nos ayudan, nos señalan lo que no debería estar ahí, lo que falta, lo que sobra.

La tecnología nos hace la vida más fácil, al tiempo no nos hace sentirnos amos en nuestra propia casa. Es fallida porque se debe a lo humano. Se trata de una maquinaria fructificada por el inconsciente y, como tal, obedece a sus leyes, incluye la pulsión de muerte e induce al goce. Hay mucho de extraño y de aterrador en ella y, cuando señala lo exterior, es en el sentido que le atribuye Mark Fisher:[3] un externo no empírico, sino abstracto, rumbo a lo trascendental.

En nuestro afán por comprender el mundo, construimos ojos y oídos gigantescos —telescopios, sondas, sonares— que sueñan con descubrir un agujero negro, por ejemplo. Nada más espeluznante y formidable que ese coloso astronómico, puesto que es incomprensible, inconmensurable, inalcanzable. Uno de los que más lograron plasmar la sensación de deslumbramiento por lo descomunal misterioso fue Lovecraft en sus cuentos. En ellos radica gran parte del malestar específico del autor a partir de su experiencia en la Primera Guerra Mundial, en la que el trauma asoma como una especie de «conmoción trascendental».[4] Según Fisher, los personajes lovecraftianos sufrirían un tipo de locura resultante de la conmoción producida con el exterior. La pulsión de muerte, analizándose lacanianamente junto a Fisher, tendría ahí una extraña geometría que perpetúa el deseo de manera infinita, ya que este nunca alcanzaría un objeto de satisfacción.[5]

De estos apuntes llego a la conclusión de que las tecnologías afirman la monstruosidad de la condición humana: a diferencia de los demás seres orgánicos, nuestra capacidad específica para hacer uso del lenguaje y de la creación simbólica nos ha llevado a un mundo de asombros. Somos extraños porque tenemos la percepción de que algo no está bien en nosotros, o que está, a menudo, más allá o más acá, señalando un fuera de lugar tan particular de nuestra especie:

> la condición humana ha de ser grotesca, pues el animal humano es el único que no encaja, el monstruo de la naturaleza que no tiene lugar en el orden natural y es capaz de reutilizar los productos de la naturaleza para darles nuevas y horrendas formas.[6]

Las tecnologías de hoy, como las de ayer, permanecerán, a los ojos de la semiótica psicoanalítica, como rasgos y huellas de una civilización extraña a sí misma, de la que algunos buenos ejemplos son los «megaobjetos» como Stonehenge o la Isla de Pascua, o incluso los artefactos que intrigan a los arqueólogos, provenientes de culturas muy antiguas. Se puede pensar, aquí, en una semiótica de lo espeluznante y de lo raro, cuando se buscará desvelar los signos de una especie que se ha confundido en sí misma y cuyas manifestaciones inconscientes han quedado registradas en varios soportes. Posiblemente, los cuerpos fosilizados que se encuentren en un futuro muy lejano estarán cargados de componentes inorgánicos y metálicos, de cables y conectores sintéticos, y los científicos los analizarán y quizás vean el estado de hibridez humana de nuestra época como algo imbuido de un intenso primitivismo y precariedad. Aun así, es posible que, en ese mañana ficticio, la tecnología ultravanzada no sea menos impactante, puesto que, al fin y al cabo, siempre hablará de una presencia y una ausencia, de lo limitado y de lo imposible.

Cierta línea de la antropología considera que el horror tiene un origen biocultural, evocando la vieja aseveración de que llevamos dentro de nosotros miedos atávicos comunes a los primates: por ejemplo, el miedo a la pérdida, total o parcial, del cuerpo y sus funciones por mutilaciones, exterminios, mutaciones y descomposición. Aunque, para mí, una base filogenética del miedo sea poco suficiente para explicarlo en su multiplicidad sintomática en la historia de nuestra especie, me atengo a esta suposición antropológica como punto de partida. La actualidad está poblada de nuevas enfermedades y dolencias, de inseguridad por el terrorismo, de amenazas de guerras químicas, de alimentos de origen incierto, de xenofobia y de desconfianzas hacia lo desconocido. Aun así, buena parte de lo que se siente en este malestar civilizatorio es de origen totalmente imaginario. Somos una especie que viene dando vida a los miedos para poder hablar de ellos, y esta es una función importante del arte, transformando la inseguridad que forma parte de lo real en monstruos de ficción.

Hay miedos muy universales, que están ligados a la fantasía de la destrucción del cuerpo, el cual depende en gran medida del narcisismo del sujeto para ser significado. A estos temores comunes a todos, se suman aquellos que son propios de la época en la que vivimos. Todos ellos derivan, en cierto modo, del miedo basal a no existir, y de eso también me vengo ocupando en este texto. Unos párrafos antes he mencionado que las pinturas rupestres se ciñen a visiones que traducen la violencia física y la presencia de seres fantásticos, híbridos entre animales totémicos y nosotros: la fuerza cinemática de los grabados prehistóricos dependía del efecto luminoso —el viejo juego de luces y sombras para proporcionar la sensación de movimiento, y a partir de ahí contar una historia.

Infiero que el miedo a ser devorado o atacado por un animal salvaje representaba algo mayor que una mera reacción protectora de un individuo hacia sí mismo y hacia su especie. De hecho, nuestros antepasados nos dejaron relatos en aquellas primeras cartillas, es decir, en las paredes oscuras de las cuevas europeas de piedra caliza. La composición de la singularidad humana, por tanto, parece estar hecha a partir de sus verdades ontológicas, las cuales varían según la época, pero siempre están conformadas por elementos antagónicos y adversos. Por eso, el miedo humano es diferente del miedo que demuestran otros animales ante amenazas reales: más allá de las operaciones en los circuitos cerebrales y de tener comportamientos similares a los de otros mamíferos, somos seres de imaginación, ese dudoso don que hemos heredado del lenguaje. De no ser por eso, nunca hubiéramos dejado grabada en piedra la no siempre pacífica convivencia con tigres dientes de sable y hienas hambrientas. Por consiguiente, aquellos humanos prehistóricos temían lo real de la aniquilación por parte de un depredador; pero, paralelamente, elevaron esa percepción al reino de la ficción. Nadie pinta un oso solo porque tiene miedo de que ser devorado por él.

Llego así al llamado horror moderno, que, en parte, es la historia de lo que nos sucedió cuando parte de la civilización occidental decidió que Dios estaba muerto: la literatura gótica es un ejemplo de ello, así como las fantasmagorías de los siglos pasados, que entretenían a la gente en salones y en teatros macabros. El miedo al juicio divino y a la pérdida de la propia alma migraron al pavor ante las reacciones agresivas que nuestros semejantes podían tener hacia nosotros: si ya no había vida después de la muerte, tendríamos que atenernos firmemente a la penosa mortalidad. La existencia humana empezó, en el caso de ciertas ficciones de terror, a perder los significados que antes tenía, algo que queda muy evidente en los cuentos de Edgar Allan Poe, por ejemplo.

El terror en la contemporaneidad sigue abordando las grandes cuestiones de lo humano al llevar a las pantallas relecturas de narrativas mitológicas. Se puede decir que el dúo «la bella y la bestia», revivido en *La forma del agua* (Guillermo del Toro, 2017), por ejemplo, entabla un íntimo diálogo con la misteriosa venus de la cueva de Chauvet, cuya mitad inferior del cuerpo guarda relación con el bisonte que aparece al lado. En la posapocalíptica *La carretera* (John Hillcoat, 2009), donde un padre y un hijo deambulan por Estados Unidos, el terror se centra en el exterminio del cuerpo físico y de la propia especie, en la línea de una amplia gama de títulos con la misma temática.

Criticado por reforzar en la ficción aspectos de una doctrina conservadora, el horror hace más que poner en valor ciertas normas del buen vivir y sus conductas adecuadas (como, por ejemplo, no hablar con extraños, no salir de noche por sitios oscuros o que parezcan inseguros, no entrar en cementerios ni casas abandonadas, no cometer infracciones, hacer caso a los consejos de los más mayores, respetar señales como «no pasar», «acceso prohibido» o «propiedad privada», etc.). Y aunque, en una historia, las personas y los sitios desconocidos sean agradables, es posible que, detrás de la belleza, se esconda alguna artimaña tenebrosa. Por eso, el horror va mucho más allá de predicar la regularización de las normas sociales.

En los tiempos que corren, el lugar que mucho antes ocupaba lo numinoso ha sido ocupado por las urgencias del desconcertante Antropoceno, como el cambio climático, las mutaciones genéticas provocadas por las intervenciones humanas y las grandes migraciones de personas. La asepsia de los laboratorios de inteligencia artificial y de los experimentos cibernéticos puede ser muy perturbadora: en esos ambientes, se promete la creación de máquinas que nos observarán, criticando a nuestra especie por sus debilidades o por nuestro miedo continuo a las pandemias y repentinas mutaciones virales. El malestar está en todas partes: tanto en los espacios herméticamente cerrados y libres de contaminación de los centros de investigación como en los barrios más pobres de las grandes ciudades latinoamericanas y africanas.

En las tramas del cine de terror, a menudo hay un planeta hostil y hostilizado, descrito por la ficción que intuye, mediante sus formas y temas, un porvenir cada vez más incierto. El cine, por lo tanto, subraya, programa y redistribuye nuestros miedos. Nos insta a que los veamos y a que nos apuremos a readaptarnos mientras podamos, aunque muchas veces no haya una solución razonable. El choque entre la humanidad y algo que aparentemente no le pertenece —una amenaza alienígena, por ejemplo— refuerza el poder ilusorio y desviado de toda trama de ficción. En el fondo, siempre estamos tratando de nosotros mismos, travestidos en los monstruos que creamos. Todo sentimiento de horror considerado universalizado es una excusa para evitar una mirada directa a nuestra condición singular, seres hablantes tan estudiados por Jacques Lacan: además de la novedad de los objetos y seres sintientes, con los que convivimos en la actualidad, tenemos especificidades que funcionan como enigmas para nosotros mismos, como la tópica del deseo.

Una especie siempre trans

Los cíborgs ya no están presentes únicamente en la ciencia ficción. Caminan entre nosotros, una demostración de lo mucho que las transformaciones socioculturales se anuncian vertiginosamente por el cuerpo. Para satisfacer las nuevas exigencias de adecuación y reconocimiento público, se van organizando grupos para congregar a personas que no se sienten totalmente humanas y, por esa razón, se denominan transespecies. En ese contexto, somos una especie híbrida y artificial dirigiéndose hacia las más inquietantes mezclas, desde que desarrollamos el lenguaje simbólico en algún momento oscuro de nuestro pasado prehistórico. Este, a su vez, viene siendo trabajado en un largo y complejo proceso epigénico en torno a las estructuras biológicas y sociales. Por lo tanto, el sujeto semiótico siempre ha rebosado, extravasado y extraviado signos, llevándolos a un plano sorprendente de posibilidades culturales.

El *Homo sapiens* ha sido una especie *trans* desde siempre: nos estamos desplazando todo el tiempo, desplazándonos de nosotros mismos y desplazándonos en nosotros mismos. Nuestros cuerpos cambian y transmutan cada día y no es posible autoafirmarse de una forma u otra a partir de una supuesta integridad obtenida por lo biológico. Y más allá de cualquier dogmatización religiosa, el lenguaje es lo que nos atraviesa y nos hace caminar. Con él, somos lanzados irremediablemente al campo de las transformaciones subjetivas y sociales. Así, nos vemos como seres transitorios, paradójicos, antagónicos, deslizantes.

A partir de este raciocinio, llego a una figura emblemática del panorama biotecnológico: el artista Neil Harbisson, reconocido por el gobierno británico como cíborg. Nació con acromatopsia, o «ceguera total al color», y en 2004 creó, junto con unos compañeros de la universidad, una antena que se le implantó en el cráneo para que pudiera percibir los colores mediante vibraciones sonoras y, de esta manera, dejase de captar el mundo solo en una escala de grises. Además, su «cuerpo extendido» ahora dispone de conexión a internet y detecta radiaciones ultravioletas e infrarrojas. En una entrevista, Harbisson dijo que las suposiciones de la gente sobre para qué servía o qué era lo que llevaba en la coronilla fue variando con el tiempo: una lámpara de lectura, un micrófono, una GoPro, un paloselfi o un Pokémon fueron algunas de las interpretaciones que llegó a escuchar.

Llegará el día en que individuos como Harbisson no serán vistos con semejante curiosidad y extrañeza: simplemente cruzaremos las calles, sin ningún asombro, junto a seres equipados con tecnologías variopintas, como si habitásemos uno de esos reinos de *Star Wars* donde conviven criaturas de constituciones inusitadas. Y, de hecho, si pudiéramos retroceder un siglo con los aparatos que usamos hoy en nuestro día a día, los hombres del pasado nos mirarían muy intrigados.

No obstante, los artificios adheridos al cuerpo no son ninguna novedad. No provienen solo de las prótesis y órtesis, sino incluso de mucho antes: desde las primeras herramientas que sirvieron a nuestros antepasados como extensiones de un cuerpo limitado y desnudo. Además de la externalización física de varias modificaciones, sufrimos, desde hace bastante tiempo, intervenciones invisibles por medio de la ingestión de medicamentos, de implantes y trasplantes, inserciones, injertos, suturas y extracciones, tanto macroscópicas como microscópicas.

En 2010, Neil Harbisson creó la Fundación Cyborg, cuyo propósito es reunir y ayudar a las personas que no se sienten totalmente humanas en el sentido clásico. En el sitio web de la Fundación hay una especie de declaración de los derechos de los cíborgs, que se puede resumir de la siguiente manera: una persona debe estar protegida contra el desmontaje, teniendo asegurada su integridad corporal; debe tener libertad morfológica y poder expresarse mediante adaptaciones y modificaciones corporales permanentes y, al mismo tiempo, estar protegida contra modificaciones corporales involuntarias;

debe existir igualdad para los mutantes, quienes gozarán de los mismos derechos, beneficios y responsabilidades que las personas «naturales»; existirá el derecho a la soberanía corporal y a la naturalización orgánica, lo que, en este caso, garantizará que nadie tenga que someter su propio cuerpo a la explotación y a la investigación tecnológica de terceros.[7]

Para mí, el cíborg alude más directamente a las cuestiones ontológicas y éticas inherentes a los avances tecnológicos en nuestras vidas. Al mismo tiempo, los cíborgs de la ficción suelen ser analizados en el prolífico mundo de las llamadas monstruosidades y reúnen mucho de aquello que evoca el prefijo *trans*: transobjetos, transgéneros, transespecies, transujetos. También se asocian a una sólida tradición de pensamiento, investigación y representación —en el arte, en la filosofía, en la ciencia—. Además, un cíborg y todo lo que puede venir con él en el plano de la ciencia ficción o de la llamada vida real (IA, robots domésticos y sexuales, la colonización de otros orbes, etc.) nos ponen contra la pared cuando pensamos que el volantazo tecnológico que hemos dado en las últimas décadas no tiene vuelta atrás y, sobre todo, que dicho viraje nos exige necesariamente un reposicionamiento multifacético acerca de lo que insistimos en denominar «condición humana». Al mismo tiempo, estamos llamados a tomar decisiones profundas sobre lo que venimos haciendo con la Tierra, cada vez más incapaz de albergarnos a nosotros y a otras especies, en respuesta a las alteraciones provocadas especialmente por nuestras acciones. Sin embargo, tal llamada está resultando en vano, sobre todo porque buena parte de los gobernantes y dueños de grandes industrias y multinacionales no tiene una visión conjunta de lo que es necesario hacer urgentemente para, si no subsanarlos, al menos atenuar los efectos catastróficos del paso del *Homo sapiens* por el planeta. A menudo, la preocupación más seria recae sobre lo que la tecnología puede ofrecerle en términos de longevidad y opciones de entretenimiento a una pequeña parte de la población mundial, en vez de estudiar cómo las regiones empobrecidas —como el continente africano— sobrevivirán en un mundo cada vez más segmentado entre los que tienen y los que nunca tendrán un acceso pleno a los privilegios del «mundo feliz».

En este libro, al indagar también si la condición humana asume el lugar de monstruosidad, lo hago como continuación de las reflexiones que vengo desarrollando en varios textos, producto de mis investigaciones académicas.[8] Por un lado, el término *monstruosidad* es una provocación al lector. Por otro, hay algo real, en el sentido lacaniano del término, que se esconde detrás del zigzag que los monstruos de la ficción —y, en particular, los del cine— nos permiten hacer, tejiendo, en el laberinto del deseo, un oscuro hilo de Ariadna, metáfora que siempre me gusta usar. De esta manera, el pensamiento acaba siendo tan solo un bramante que nos ayuda a buscar dar sentido a lo que, para nosotros, pide una explicación inaplazable. Somos, por tanto, seres de angustia.

Sin embargo, no será por los desórdenes que provoca nuestra propia especie por lo que abandonaremos un motivo tan apasionante y, al mismo tiempo, inmediato: la prolongación de la existencia. Entusiasmados por ella, tantas veces prometida de forma delirante por laboratorios e industrias, nos vemos afligidos, día tras día, por las atrocidades interconectadas que ocasionamos al planeta. Junto a la destrucción de ecosistemas y recursos naturales, está la violación de derechos —los nuestros y los de otros seres—, lo que va de la mano de la forma irresponsable y perversa de posicionarse en el mundo. Ahí reside la esencia del Antropoceno.

No es casualidad que, en un momento que podría ser tan brillante y prometedor para el *sapiens*, estemos siendo testigos de movimientos de extrema derecha en todo el mundo y de la llegada de oleadas de inmigrantes y refugiados de diferentes índoles a las fronteras de Europa, Estados Unidos y otros países. Se trata de calamidades propiciadas por una especie que se creía el pináculo de la arquitectura biológica. A mi juicio, este estado de cosas es un reflejo del vaciamiento cada vez más amplio de lo simbólico, que hace que la sombra de lo imaginario se superponga, narcisísticamente, alrededor del abismo de lo real lacaniano.

Las democracias, siempre frágiles y aún incipientes, parecen presenciar su propia ruina. Las religiones, en gran medida, se han convertido en instrumentos de dominación de clases, como previeron los pensadores del siglo pasado, y las sociedades de control de los ciudadanos y de estímulo del goce desenfrenado son una constatación. Y, si repetición y síntoma caminan juntos, la pregunta sintomática para esta especie sacudida por la pulsión de muerte —pero que, al mismo tiempo, todavía se deja, en cierta medida, enternecer por el afecto y el arte— podría ser esta: ¿será la condición humana una monstruosidad?

4
La fascinación por los sociópatas en la ficción audiovisual

El malestar en la civilización y lo tecnológico caminan juntos. En las tramas de ficción audiovisual, los avances de la tecnología a menudo se convierten en armas en manos de malhechores perversos, eso si no son ellos quienes las crean. De este modo, cabe citar aquí la figura del sociópata, cada vez más emergente en películas y series. Se puede decir que son una de las pautas de construcción de personajes en el siglo XXI: ya sean los villanos de las películas de superhéroes o los manipuladores (y, a veces, encantadores) antagonistas de las series, los malos fascinan. Este tipo de ficción alberga la fantasía neurótica de tener un supuesto poder absoluto, ausente de culpa o dolor; al mismo tiempo, el perverso puede ser un justiciero que juega con nuestro deseo de ordenar las cosas a nuestra manera.

Adam Kotsko[1] llama *awkwardness* (que, en la edición española de su obra, se tradujo como *zozobra*) a este desasosiego o incomodidad propios del tardocapitalismo y muy presente en situaciones cotidianas, señalando una disonancia entre las expectativas de un sujeto frente al mundo y lo que realmente sucede en la interacción social. Esta sensación imbuida de alta ansiedad está vinculada a una transgresión de normas o incluso a la falibilidad o a la falta de normas claras, lo que nos deja sin saber qué hacer,[2] como ocurre cuando alguien se cuela en la fila de un banco: ¿nos quedamos callados, a pesar de nuestra indignación, con la sensación de impotencia ante la transgresión, buscamos ayuda de los agentes de la ley o nos tomamos la justicia por nuestras manos? Muchas veces, cuando actuamos de acuerdo con la conducta esperada, nos sentimos poseídos por una superioridad moral que, sin embargo, parece que no sirve de nada en una sociedad donde la mayoría de los que roban destruyen la felicidad de millones y salen impunes, como si nada.

La palabra *awkwardness* resalta la impotencia ante algo que no encaja, aunque debería funcionar o tener sentido. Para mí, Kotsko trata de algo que se enmarca en un concepto más amplio, el del malestar freudiano en la civilización. A fin de vivir gregariamente compartiendo una vida común, renunciamos, en gran medida, a la satisfacción de nuestras pulsiones, y así viene operando la cultura humana desde hace miles de años. Para el autor, cuando vemos a un sociópata en una película o serie, secretamente deseamos tener un poder como el suyo en la vida real, aunque ese poder se base en la perversión y la corrupción. Tradicionalmente, se establece que el sociópata no siente culpa y, por tanto, permanece ajeno a cualquier recuperación terapéutica, lo que representa un problema social muy serio.

Al abordar la ficción, Kotsko utiliza el término «sociópata fantástico» y los clasifica en tres categorías: el maquinador, el arribista y el justiciero. El investigador recalca que se pueden detectar estos mismos rasgos en los concursantes de *realities*. Entre los personajes ficticios de esta naturaleza, se encuentran, por ejemplo, policías, médicos, políticos y abogados corruptos: precisamente profesionales de quienes se espera coherencia y honestidad. También existen sociópatas infantiles, en los que dos de sus señas de identidad son el aburrimiento y la indiferencia para con la vida y los demás.

En la década de 1990, se puede decir que la tele empezó a recuperar un estatus que venía perdiéndose, especialmente gracias a las producciones de los canales privados. Hoy, cuando los medios convergen cada vez más y se augura el fin del modelo televisivo creado por los canales que emiten en abierto, se está produciendo una creciente e intensa migración de la audiencia hacia las series y películas disponibles no solo mediante suscripciones a canales, sino también a través de proveedores de entretenimiento, el llamado *streaming*. Este viraje en la forma de diversión audiovisual refleja otras formas de experiencia que se han ido sumando a la vida humana, como internet, con sus múltiples posibilidades. En el vasto campo de la ficción que se abre, las producciones realizadas para un tipo de público denominado «maratonista» y ávido de series tienen como frente muy significativo y recurrente el de los personajes sociópatas.

Al mismo tiempo, el bajo coste de muchos *reality shows* ha propiciado una profusión de este tipo de entretenimiento,[3] en los que es común ver a los concursantes tramar planes para su propio beneficio, en dosis exorbitantes de narcisismo. No vale solo ganar: hay que utilizar todas las artimañas para hacerse con ese millón de dólares y esos días de fama, traiciones y pactos incluidos. Claro está que todo eso no durará más que unos pocos meses, ya que una nueva temporada con otros concursantes «de la vida real» tiene que sustituir a la anterior. En ese sálvese quien pueda, se puede incluir, por ejemplo, la supervivencia en la selva, en regiones heladas, en casas aisladas, en familias «exóticas», en competiciones de todo tipo.

Si toda esta fascinación por los personajes perversos sigue generándoles dinero a las productoras es porque tenemos un fuerte sentimiento de insatisfacción con nuestros modelos de sociedad alienantes, amorales, injustos y semifallidos. Este es también el diagnóstico cultural que hace Kotsko,[4] siguiendo siempre lo que afirman muchos otros investigadores, cada uno en su área de especialización. El supuesto ordenamiento de la vida social solo nos muestra que buena parte del mundo humano navega a su suerte:

> En realidad [...] la movilidad social en el mundo occidental se halla bajo mínimos y sigue declinando, mientras que los reiterados fracasos del ejército estadounidense a la hora de conseguir sus supuestos objetivos indican que no disponemos de una estrategia fiable para crear superhéroes con el molde de Jack Bauer.[5]

El autor menciona cuánto refuerza la sociedad actual nuestro síndrome de Estocolmo,[6] y yo afirmo que vivimos en una cultura altamente fóbica y productora de miedos. El desencanto del mundo no nos ha aportado más seguridad, y la fantasía romántica de un retorno a la naturaleza y al primitivismo, tan común en algunos nichos culturales, solo demuestra lo ingenuos y cargados de percepciones dualistas que somos: ¿en qué medida autoexiliarse en una comunidad alternativa, que es lo que muchos hacen, nos garantiza salir de dentro de un proyecto civilizatorio fracasado?

«Los búhos no son lo que parecen»: el bestiario de *Twin Peaks*

La televisión ha cambiado enormemente desde (y con) *Twin Peaks* (David Lynch y Mark Frost, 1990-1991): en aquella época, *Los Simpson* acababan de estrenarse en el canal Fox y las cadenas de televisión por cable probaban fortuna con sus propias producciones. Aunque su segunda temporada, que va de los capítulos 9 al 22, sufriera un importante bajón de audiencia, alrededor de 35 millones de estadounidenses vieron el capítulo piloto de la serie. La primera temporada tuvo un gran éxito y se convirtió en uno de los hitos de la producción audiovisual de dicha década, sirviendo al espectador medio como una especie de «Lynch accesible».

Twin Peaks, en varios aspectos, puede entenderse como una extensión variante de *Terciopelo azul* (David Lynch, 1986): ambas producciones defienden que lo cotidiano esconde monstruos. La serie reveló una producción de autor poco común hasta entonces, a excepción de nombres como Alfred Hitchcock, que supo hacer buen uso de la televisión como medio de experimentación décadas antes. Las dos temporadas sumaron 29 episodios, sin olvidar que en 1992 Lynch dirigió una precuela sobre los últimos días de vida de Laura Palmer, la adolescente asesinada: *Twin Peaks: Fuego camina conmigo*. Para que llegara la tercera temporada, sin embargo, tuvieron que pasar 25 años (*Twin Peaks: The Return,* 2017), dirigida nuevamente por Lynch y Mark Frost, transmitida por Showtime y redistribuida mundialmente por Netflix.

Desde *Twin Peaks,* las representaciones de animales y de la «naturaleza salvaje» en las series de televisión han cambiado mucho. Ese pequeño pueblo ficticio nostálgico, ubicado en los páramos del verde y lluvioso estado de Washington, brinda una reflexión sobre la inevitable pérdida de inocencia proveniente de la modernidad y la posmodernidad. En ese sentido, marca la entrada de la civilización a un mayor nivel de malestar, consecuencia del capitalismo y la globalización. Se puede afirmar que la visión sobre los demás animales ha cambiado significativamente desde entonces, puesto que también hemos ido modificando a pasos agigantados nuestros puntos de vista sobre nosotros mismos.

En el episodio piloto de *Twin Peaks,* algunos elementos que indican la pacífica vida rural en pseudocomunión con el mundo «natural» se hallan en la figura de un ganso que adorna el tejado de una gasolinera y en una cabeza de ciervo que cuelga sobre la puerta del establecimiento. El *Great Northern Hotel,* construido sobre una meseta y cerca de majestuosas cascadas, es uno de los escenarios más intensos donde se desarrollan las tramas de la serie. Está adornado con pesadas esculturas de madera con forma de animales de la fauna silvestre, como el búho, imitando tótems indígenas. Las representaciones de animales aparecen poco a poco y por todas partes: en una de las escenas del mismo episodio se puede ver un extraño maniquí con cara de cerdo. El espectador también verá un patito de juguete en la habitación de Laura Palmer y algunos patos decorando la pared de la casa de la amiga de su madre. El bestiario de Lynch arranca con animales que sufren la persecución humana —aves y mamíferos de caza— y tendrá aportaciones significativas en cada episodio, con preponderancia de los búhos.

En un principio, *Twin Peaks* nos permite ver que lo bucólico y lo campestre estarán habitados por rarezas y espanto.

La imaginería faunística va desde búhos poseídos por fuerzas extrañas hasta un zorro disecado, cuyo pelaje plateado vincula al personaje Leland con el asesinato de Maddy (Sheryl Lee), pasando por la peligrosa comadreja de los pinos, cuya cara de pocos amigos adorna la chapa que lleva Ben Horne (Richard Beymer) al final de uno de los capítulos.

Twin Peaks presenta, en este sentido, las frustraciones de haber optado por un mundo escindido, en el que el humano fracasado quiere reintegrarse, en vano, a una naturaleza no generosa y maternal, situada en el lado opuesto de la regla: por eso los refugios y cabañas en el bosque no son ambientes de retiro, sino de peligros e intromisiones. La consecuencia de ello es que lo natural, paso a paso, se confunde con lo sobrenatural: el desencanto del mundo pasa factura al ofrecer en contrapartida, precisamente, lo reprimido. Por eso, entre los grandes árboles que salen en la serie, se desliza un manto de niebla que, en lugar de brindar paz y tranquilidad, despierta inquietud en el espectador: no por el hecho de que un oso o un alce puedan surgir violentamente, sino como el sombrío anuncio de que la especie humana parece vil e imprevisible.

Uno de los conflictos iniciales se anuncia en una escena en el interior del hotel, cuando un entusiasmado vecino les presenta el pueblo a unos supuestos inversores nórdicos: él afirma que, en *Twin Peaks*, la industria va de la mano de la salud y del aire limpio que proporciona la naturaleza. Este discurso se mantiene hasta la inesperada revelación del asesinato de la joven Laura, que pone en duda toda la propaganda positiva del lugar y ahuyenta a los visitantes.

El malestar que se va agravando a lo largo de la trama demuestra que nada en *Twin Peaks* es lo que parece: filosóficamente, la serie puede tomarse como un ejemplo de cuánto fracasó el proyecto ilustrado. Un ejemplo de ello es que los personajes son casi siempre excéntricos, raros, llenos de compromisos y vacíos morales. Esto hizo que, en la década de 1990, la serie se alejara mucho de los estándares habituales de las producciones televisivas, añadiendo además el intenso hibridismo de géneros, que le suma surrealismo y fantasía, *thriller* y suspense, misterio y terror. Así, por ejemplo, tras una cortina aparece un enano bailando y hablando al revés. Una vidente carga en sus brazos un tronco como si fuera un bebé vaticinador y asegura que él tiene las respuestas a todos los secretos. Una mujer con un parche en un ojo está desquiciada por los ruidos que hacen los rieles de las cortinas de la casa donde vive y crea un mecanismo con bolas de algodón para acabar con las molestias; ella también perderá la memoria tras sufrir un golpe en la cabeza y volverá a vivir como cuando era adolescente. El psiquiatra local, que también trataba a Laura, lleva unas gafas con cristales de diferentes colores (rojo y azul) y es un apasionado de Hawái, razón por la que viste ropa con motivos tropicales y tiene adornos en casa que nos recuerdan a ese estado. Un zapatero manco vende zapatos a partir de una muestra de cada pie. Paralelamente a los dramas locales, en las televisiones del pueblo se emite una telenovela llamada *Invitation to love,* en la que hay relaciones extramatrimoniales, triángulos amorosos y un crimen, una especie de espejo de lo que ocurría en *Twin Peaks.*

El asesinato de Laura Palmer no fue más que una excusa para que el director David Lynch y el guionista Mark Frost llevaran a los espectadores por una historia inquietante y delirante, un punto de inflexión entre las formas hasta el momento conocidas de producir series: objetos de taxidermia y premios de caza (las numerosas cabezas de ciervos utilizadas como trofeos, por ejemplo) componen decoraciones en varios lugares de *Twin Peaks.* La localidad, habitada por un malestar desbordante hasta en la falta de afinidad con la vida misma, permanece embriagada en la insensatez de las acciones de personajes que conviven con la pulsión de muerte y con formas dolorosas de goce.

El mundo detectivesco no lineal de *Twin Peaks* presenta al agente Cooper (Kyle MacLachlan), del FBI, como un hombre que utiliza métodos poco comunes en su área para llegar a donde quiere, dándole importancia, por ejemplo, a los sueños, al trabajo del inconsciente y a las prácticas tibetanas. En este contexto, *Twin Peaks* cuenta con elementos misteriosos que dialogan con la inquietante extrañeza: entre ellos, los mensajes de Lady Leño (Catherine E. Coulson), la mujer del «tronco-profeta»; los intensos sueños de Cooper y el segundo mensaje del «Gigante» (Carel Struycken) al agente: «the owls are not what they seem», es decir, «los búhos no son lo que parecen», dicho en el capítulo 9, que se repite en señales de radio supuestamente provenientes del espacio. Los búhos, que comúnmente en la serie hacen de mensajeros de lo sobrenatural, son animales muy presentes, como la especie denominada búho cornudo (*Bubo virginianus*).

Los animales humanos son seres fantásticos en *Twin Peaks,* tanto como los no humanos. Tomas de cámara inquietantes y encuadres incómodos al estilo de Lynch se pueden apreciar en la escena en la que un hombre lee detrás de un oso disecado, como si el animal lo abrazara cual sillón; o incluso cuando otro hombre discute con su mujer bajo las astas de un ciervo, con un cuerno especialmente apuntado hacia arriba, como si fuera el de un unicornio que despunta de la propia cornamenta, orientado hacia la mujer de delante. Hay peces disecados en paredes de madera, además de una cabeza de una cabra montés, en cuyas patas separadas del cuerpo cuelga un rifle, como si fueran dos ganchos percheros, así como los citados búhos, que observan el mundo de los hombres. Los insectos también se dan cita, como la mosca que no para de molestar al funcionario de la comisaría en el episodio 9. Y el bestiario continúa: una islandesa le regala a uno de los personajes una pierna de cordero cruda; en una clínica veterinaria, además de cuadros de vacas, hay una llama viva, que se entromete en un diálogo entre el agente del FBI y el *sheriff.* En el mismo episodio, un personaje talla la imagen de un cerdo ahumado. En el episodio 13, aparece un enorme marlín, así como un zorro blanco, ambos disecados.

Entre los animales más llamativos de la serie se encuentra Waldo, un mainate —una especie de ave perteneciente a la familia de los estorninos— considerado testigo ocular y auditivo del asesinato de Laura Palmer, cuya frase «¡Leo, no!» repetía insistentemente. El pájaro parlanchín fue asesinado a tiros cuando se recuperó después de haber estado débil y comenzó a hablar nuevamente.

Por otro lado, durante un sueño el 23 de julio de 1983, Laura Palmer vio a un hombre de pelo largo y grandes manos callosas decirle que tenía a Júpiter, el gato blanco de la niña. Un coche acabó atropellando al minino mientras cazaba un ratón.

Troy, por su parte, era un poni color canela que le regalaron a Laura en 1983 cuando cumplió 12 años. La chica pasó muchos de sus días al lado de este animal, hasta que decidió liberarlo en junio de 1986. Lamentablemente, lo encontraron desnutrido cerca de las vías del tren el mes de marzo siguiente, con una pata rota y tres herraduras faltantes. Fue sacrificado por la Policía.

Otro miembro del bestiario de Lynch es una extraña criatura con apariencia de sapo, alas de insecto, seis patas delanteras y una probóscide venenosa que nació de un huevo moteado abandonado en una duna del desierto de Nuevo México. El animal deambuló sin rumbo hasta volar hacia la ventana de la residencia de los Novack. En su interior, Sarah acababa de perder el conocimiento escuchando un programa de radio presentado por un leñador. Cuando el animal se acercó al rostro de la chica, esta abrió la boca, permitiendo que fuese engullido. La idea de construir esta criatura surgió de una historia de David Lynch en un cortometraje sobre un «sapo-polilla», que el director habría visto cuando viajaba por Europa del Este.

Sarah Palmer, en sus visiones, a veces se encontraba con un caballo blanco, envuelto en una aureola de palidez (episodio 14). Y, durante una sesión con varios espíritus en una tienda de conveniencia, Pierre llevaba una máscara de nariz larga; al quitársela, rápidamente da la impresión de que su cara ha sido sustituida por la de un mono. Después del asesinato de Laura, el mismo mono pronunció la palabra *Judy*.

En el episodio 24, varios vecinos se reúnen en el gran hotel de la región para defender a la comadreja de los pinos, cuya especie estaba siendo amenazada por los avances de la civilización. Se exponen tres grandes fotografías en blanco y negro del animal, mientras una comadreja viva se presenta al público como un simpático animal atraído por los objetos brillantes y por el olor a colonias baratas; sin embargo, los movimientos de la cámara contradicen ese discurso ecológico: las muecas de los tótems presentes en la sala se muestran amenazantes y, detrás de la idea de naturaleza acogedora, reside algo sombrío. En un momento dado, el animal muerde la nariz del personaje-presentador y comienza una escena al más puro estilo de comedia física, en la que el público se asusta exageradamente con la comadreja escurridiza. En la secuencia de escenas sobrevuela la idea de que, para nosotros, hay algo raro en aquello que llamamos mundo natural, y que el ser humano se vuelve patético con sus pretenciosas acciones de salvar especies y preservar ecosistemas —una crítica a una cierta ingenuidad ecológica frente a lo que, años más tarde, se popularizaría como «Antropoceno».

La naturaleza en *Twin Peaks* actúa como una especie de espectadora perversa de los actos humanos. La aparente separación entre natural y no natural, en la que gran parte de la trama parece insistir intencionadamente, sumado al creciente discurso ecológico de aquella época —tomado en la serie con bastante ironía—, hace que el mundo, que debería ser racional, tenga un extraño encantamiento. Escenas alucinógenas, surreales y extrañas se componen y recomponen a todo momento en las tres temporadas de la serie.

La innovación de la obra de Lynch aún tiene un tono de frescura si la comparamos con las producciones repletas de clichés de la época actual, como la película *Titán* (Lennart Ruff, 2018). En ella, científicos poco seguros de lo que están haciendo, ayudados por el ejército estadounidense, inyectan a sus soldados varias sustancias con el fin de prepararlos para que inicien una colonia terrestre en Titán, una de las lunas distantes de Saturno. Poco a poco se va descubriendo el lado loco de la ciencia: a las cobayas se les insertó ADN de varias especies animales y pasaron a asumir comportamientos descontrolados. La idea era crear una especie mutante, denominada *Homo titaniens*. Los personajes modificados empiezan a mostrar rasgos biológicos de felinos, reptiles y murciélagos, entre otros. La naturaleza, allí, es pura manipulación perversa: en lugar de espantarnos, como respuesta a nuestra singular carencia como humanos —y eso es lo que se constata en *Twin Peaks*—, se integra en el cuerpo a través de la tecnología de forma explícita. Los escenarios *clean* de la cinta de Ruff difieren de la madera cargada de los inmuebles de la pequeña ciudad de Lynch. El mundo de 2048, en *Titán*, se está muriendo; en *Twin Peaks*, ya está muerto. Subrayo aquí: se trata del mundo como civilización. El bestiario lynchiano acumula cuentos de hadas pesados, originales, sin ninguna propensión a la inocencia. Sus personajes son inestables, esquizoides, codiciosos, arrogantes y fríos; al mismo tiempo, pueden ser cariñosos e ingenuos.

Y, si en las películas y series hay una clase de monstruo que atrae por sus actitudes sociópatas, paralelamente hay criaturas dóciles y poéticas que, a pesar de su apariencia no tan agradable, plantan cara al fallido modelo de construcción social en el que vivimos gran parte de nosotros.

5
Guillermo del Toro y sus monstruos humanizados

El mexicano Guillermo del Toro es uno de los máximos exponentes del cine fantástico hispano-latinoamericano del siglo XXI. Con veintipocos años, escribió un libro que conformaba una colección sobre grandes cineastas para estudiantes de cine principiantes y, curiosamente, le tocó presentar a Alfred Hitchcock. Del Toro afirma que la fase inglesa del director de *39 escalones* (1935) abarcaría una síntesis de todo lo que a la postre desarrollaría en cuanto a tema y estilo.[1] Por aquel entonces, el joven director había realizado algunos cortometrajes y estaba intentando aprender más sobre los efectos especiales de maquillaje para cine y televisión. Además de en el mundo de las imágenes en movimiento, Del Toro también se dedicó a la literatura: es el caso de *Trilogía de la oscuridad*,[2] escrita en colaboración con Chuck Hogan, en la que revisita el mito del vampiro y que se versionó en una serie de televisión (*The Strain*, 2014-2017).

Santos[3] define a Del Toro como un autor posmoderno en el sentido de que aportó un vaivén de estilos y una mezcla de productos que dan como resultado trabajos muy ricos. No es casualidad que el cine fantástico aglutine otros géneros y, precisamente por eso, sea capaz de representar la vivacidad polifacética de nuestra época. Además, Santos recalca que una de las características más llamativas de Del Toro es el predominio del humanismo en sus personajes: «Hasta el más monstruoso de los seres que pueblan sus películas tiene un evidente lado humano que le sirve de fondo y lo desmitifica».[4] En este aspecto, el crítico destaca que Del Toro propone a menudo personajes no maniqueos y nada arquetípicos, en los que se superponen estructuras amorosas de matriz romántica. Para Diego Salgado, el cine de Del Toro «es un cine acerca de lo real como trauma».[5]

Además de obras en las que se recurría conscientemente al formato de entretenimiento estadounidense, Del Toro trabajó en películas vinculadas con una forma más europea de hacer cine, como es el caso de las coproducciones españolas *El espinazo del diablo* (2001) y *El laberinto del fauno* (2006). Como productor, Del Toro pudo ayudar a directores noveles, como los barceloneses Juan Antonio Bayona (*El orfanato*, 2007) y Guillem Morales (*Los ojos de Julia*, 2010). Produjo, asimismo, *No tengas miedo a la oscuridad* (Troy Nixey, 2010), *Mamá* (del argentino Andy Muschietti, 2013), *El libro de la vida* (Jorge R. Gutiérrez, 2014), *La delgada línea amarilla* (Celso R. García, 2015), *Historias de miedo para contar en la oscuridad* (2019), entre varias otras obras.

Lo gótico y el *steampunk* se pueden encontrar en el cine de Del Toro como marcas temático-formales, a pesar de las producciones más hollywoodienses, como *Blade II* (2002) y *Pacific Rim* (2013). En películas como *El espinazo del diablo*, *El laberinto del fauno*, *La cumbre escarlata* (2015) y *La forma del agua*, se puede ver a un director que aborda sus intereses y pasiones: el cine clásico de monstruos, las cuestiones con la figura paterna y la puesta en valor de lo humano. Santos menciona como rasgos del mexicano los siguientes:

> el humor distanciador que tanto humaniza, la infancia, los engranajes y demás mecanismos que anuncian la causalidad e interrelación de los actos y experiencias del hombre (entre otras muchas cosas), el sacrificio como acto de redención y purga, la ciencia frente a los monstruos, las vísceras embotelladas, los insectos, las criaturas de aspecto lovecraftiano, las cruces y los rosarios, el uso de una paleta cromática saturada de rojos, dorados, verdes, azules, negros y ocres; y, siempre, la esperanza; esos son los elementos dramáticos

> y plásticos que conforman ese mundo fílmico al que a Del Toro aún le queda mucho que aportar.[6]

Aunque en el momento en que el autor hizo este comentario *La forma del agua* todavía no se había estrenado, muchas de estas características se aplican a la premiada cinta de Del Toro.

Por su parte, el cine mexicano, con *El vampiro* (Fernando Méndez, 1957), por ejemplo, ya consolidaba, a mediados del siglo pasado, una visión en torno a ese monstruo, aunque en la línea de lo que se hacía en las películas de lengua inglesa de la época. Por otro lado, en la década de 1970, *Mary, Mary, Bloody Mary* (1975) y *Alucarda, la hija de las tinieblas* (1977), ambas de Juan López Moctezuma, dialogaban con las producciones de terror del cine italiano. Hay, por tanto, un Guillermo del Toro influenciado tanto por lo gótico de la productora Hammer como por los fuertes colores del *giallo* y las creaciones de Mario Bava. Es ese director un tanto nostálgico y bastante poético el que comento a continuación, destacando, en varias de sus obras, los aspectos monstruosos de sus ocurrencias tecnológicas.

La prótesis de la pierna, el laboratorio de los mortinatos, la bomba pulsátil y el fantasma digitalizado

El espinazo del diablo, ambientada en el espacio histórico de la guerra civil española y cuya producción fue un 54 % española, tiene mucho que ver con la infancia del propio director y su relación con un tío fallecido de Guillermo que, según él, solía regresar en forma de fantasma, susurrando y suspirando. El film produce una mezcla entre la dura realidad sociopolítica durante la dictadura franquista y las fuerzas de lo sobrenatural. El director, reflejando recuerdos de la infancia, optó por actores infantiles y adolescentes con ciertos estereotipos, como él mismo afirmó: cuerpo delgado, orejas de soplillo, pelo rizado, mirada asustada, representantes de un mundo cruel y en guerra que también se plasmaba en las relaciones entre los niños del orfanato Santa Lucía.[7] Del Toro es uno más de los directores que hablan de la infancia solitaria y abandonada, uno de los temas preferidos de la cinematografía española.[8]

Hay cuatro formas monstruosas de la tecnología que distingo en *El espinazo del diablo*. Aparte de la bomba fantasmagórica que había caído en el patio del orfanato y parecía tener vida propia,[9] había varios contenedores donde estaban embriones y fetos, en una especie de gabinete fantástico y de encantamientos, así como la pierna ortopédica y aprisionadora de la directora Carmen (Marisa Paredes), viuda de un intelectual republicano. Tenía una relación con el profesor Casares (Federico Luppi) y era amante del portero Jacinto (Eduardo Noriega), un atractivo pero estúpido y violento joven, representante del hombre fascista descerebrado, según analiza Díaz Maroto.[10] Por último, también destacan las apariciones del niño muerto.

La bomba, nunca detonada, reverberaba lo que parecían pulsaciones cardíacas a todo aquel que se atreviera a auscultarla; el laboratorio de excentricidades contenía seres deformes y rechazados en conservación; la incómoda pierna protésica no solo anunciaba la insuficiencia de lo femenino según Lacan, sino que también asumía la función de elemento-fetiche en la relación entre ella y su amante. El niño fantasma, por su parte, siguiendo la estela de los espectros japoneses tan de moda en el cine de principios del siglo XXI, aparecía como una proyección horrenda, descomponiéndose lentamente como una cinta de celuloide que se desintegra. La metáfora de la guerra acompaña a estos elementos tecnológicos y ayuda a darles un aspecto aún más monstruoso, aterrador y de extrañeza.

En el siglo XXI, quizás esta sea la película que inaugure cierto discurso cinematográfico que predijo el ascenso de la violencia de la extrema derecha contemporánea, apoyándose en las referencias del pasado ibérico del siglo anterior.

En *El laberinto del fauno*, especie de díptico mágico-realista sobre la España oprimida, Del Toro regresa al totalitarismo español de 1944 y, una vez más, presenta a la infancia desprotegida y al monstruo humanizado, en este caso encarnado en el fauno que guiará a Ofelia (Ivana Baquero) para resolver un enigma. Cuando la niña, en compañía de su madre embarazada, Carmen (Ariadna Gil), se acerca a la base militar rural donde ambas residirán, acaba descubriendo una curiosa piedra en un bosque. Sobre ella estaba esculpida lo que parecía un rostro y, por casualidad, Ofelia encuentra lo que sería el ojo faltante de esa figura que nos remonta a los tallados del grutesco artístico de la Edad Media. De la boca de la estatua saldrá una especie de insecto palo alado (*phasmatodea*), y ahí comienza un juego de suposiciones con el espectador: ¿se trataba de un hada o no?, ¿fue fruto de la imaginación de la niña, como un escape de su cruda realidad?, ¿o realmente se encontró en el camino con seres sobrenaturales?

Extraña y violenta era la situación de su madre, en segundas nupcias y embarazada de un torturador militar, a punto de parir. Fuera del ambiente opresivo en el que viviría, Ofelia acabó encontrando un laberinto, cuya entrada era un enorme rostro con boca, similar a las representaciones paganas: de un lado de aquella geografía del destierro, estaba la España fascista ultracatólica; del otro, lo inverosímil que evocaba los rasgos de la cultura celta.[11]

El primer encuentro de la muchacha con el fauno (Doug Jones) le hizo comprender que tendría que pasar por tres desafíos para demostrar que, en realidad, ella era Moana, una princesa perdida e hija de un rey subterráneo —una metáfora de la monarquía sofocada por Franco—. Curiosamente, la figura de un fauno guiando a una niña le da a la obra un aporte erótico-perverso, especialmente considerando el comportamiento de los faunos y similares en la mitología grecorromana y medieval. Por tanto, no parece plausible, en un principio, confiar en un ser mitad caprino.

Humanos deformes representados en el *Buch der Natur* de Konrad von Megenberg (1478).

La primera prueba que tendría que pasar la pequeña consistía en encontrar una llave dentro de un agujero lleno de repugnantes insectos y bajo las raíces de un viejo árbol, mismo lugar donde encontraría una rana asquerosa que se desinflaría cual muñeco inflable. A continuación, Ofelia-Moana tendría que utilizar la llave en la extraña habitación donde se encontraba el Hombre Pálido (Doug Jones), una de las figuras más impactantes del cine fantástico de este siglo y que alude a las formas apreciadas en los bestiarios medievales, especialmente en lo relacionado con el desorden corporal. Sus globos oculares, sueltos, tenían que encajarse en los agujeros que tenía en las palmas de sus manos. Luego, el monstruo las extendía sobre el lugar donde estarían sus ojos en la cara para poder ver a la invasora, cuya presencia lo hizo despertar solo por el hecho de coger una fruta en un tentador (y prohibitivo) banquete dispuesto sobre una larga mesa. Aquí, se puede suponer una revisitación tardomedieval que dialoga, por ejemplo, con los dibujos que figuraban en el *Buch der Natur*, de Konrad von Megenberg (1478).

Si tuviéramos que encajar al terrible devorador creado por Del Toro en las formas monstruosas clásicas descritas por Claude-Claire Kappler (1986), el Hombre Pálido sería una de esas criaturas que carecerían de algo esencial, como definió Lucrecio en su *De la naturaleza de las cosas*:[12]

> Numerosos fueron también los monstruos que en aquel momento la tierra se esforzó en crear, y que nacían con rasgos y miembros extraños —como el andrógino, intermedio entre los dos sexos, que no es ni lo uno ni lo otro ni pertenece a ninguno de los dos—; seres desprovistos de pies o de manos; o mudos y sin boca; o que resultaron ciegos y sin vista.

Había asimismo monstruos sin cabeza, como los Blemias —que tenían los ojos, la nariz y la boca en el pecho y en el vientre—, y los que la tenían, aunque carecieran de ojos, nariz y boca. En cualquier caso, el Hombre Pálido es un modelo para discurrir sobre las funciones que puede realizar un monstruo en una época y cultura determinadas. Kappler[13] enumera algunas de ellas. La primera sería psíquica, con posibilidad analítica y, por qué no, incluso terapéutica (como ocurre con los sueños y la fantasía), e iría más allá de simplemente querer exorcizar la peste, el hambre y la guerra, los tres grandes males que asolaron al hombre medieval. De hecho, aunque vivamos en otros tiempos, no logramos permanecer sin esos seres que tuvieron, sobre todo durante la extensa Edad Media, una cuna fértil de creaciones y también de recreaciones, que se puede constatar, por ejemplo, en el arte de El Bosco. Lo más importante, según destaca Kappler, es que las variantes monstruosas son de forma y no de fondo, y la primera se alterna según los gustos, culturas, épocas e individuos.

A finales de la Edad Media, el monstruo adquiría la forma de brujas, locos y mujeres en manifestaciones histéricas. En el Tríptico de *Las tentaciones de san Antonio Abad,* de El Bosco (1510-1515), Kappler afirma que los monstruos asumían una función incluso psicoanalítica, en donde la tentación actuaría como resistencia contra la realidad.

Las tentaciones de san Antonio Abad (El Bosco, 1510-1515)

Otro aspecto de discusión, en la misma línea de pensamiento de Claude-Claire Kappler, es considerar que los monstruos —que, insisto, aparecen en todas las épocas y culturas— presentan características de perennidad, repetición y ambigüedad, las cuales, en gran medida, se correlacionan con las fuerzas opuestas (el Eros y el Tánatos, intermediados por la culpa) que se baten en el hombre y, cuando están bien trabajadas mediante la sublimación, se convierten en objetos estéticos.

Para el psicoanálisis, existe una estrecha relación entre las pulsiones y la culpa. Históricamente, podemos ejemplificar esto tanto en la Inquisición como en otros momentos de intolerancia en la historia de la humanidad, como en el caso de la Guerra Civil y la dictadura españolas: alguien tildado de «diferente» a la norma tenía que ser destruido, incluso si la víctima demostrara «arrepentimiento». Ocurre que, en esas épocas trágicas de los conflictos humanos, no hay perdón suficiente: la bruja debe ser quemada, y, para ello, como propone Kappler, surge un Eros, despiadado, claro está, que impide cualquier reflexión —una mujer se volvía hechicera porque, por su naturaleza, ya nacía corrompida y culpable por el hecho de que Eva hubiera tentado a Adán.

Sigmund Freud, en su texto sobre los recuerdos de Leonardo da Vinci, comentaba ciertas divinidades vinculadas a diosas-madres de la fertilidad, que tendían a presentar rasgos horrendos, polimastia (como Diana de Éfeso) o exceso de virilidad (como las egipcias Mut, Hathor, Isis y Neith de Sais):

> En los jeroglíficos sagrados de los antiguos egipcios, la imagen correspondiente a la madre es siempre la del buitre. Los egipcios adoraban asimismo a una divinidad materna con cabeza de buitre o con varias cabezas, de las cuales una por lo menos era de buitre. El nombre de esta diosa se pronunciaba Mut.[14]

Y más adelante:

> La divinidad egipcia Mut... era fundida muchas veces con otras divinidades maternales de individualidad más viva, tales como Isis y Hathor... Casi todas las imágenes de Mut... aparecen provistas de un falo; su cuerpo, al que los senos caracterizan como femenino, mostraba también un genital masculino en erección.

> ... también otras divinidades egipcias, tales como la Neith de Sais, de la que más tarde surgió la Athenea griega, eran concebidas primitivamente como andróginas, esto es, como hermafroditas, y que lo mismo sucedía con numerosas divinidades griegas, especialmente con las del círculo de Dionisos, e incluso con Afrodita, la diosa del amor, limitada después al sexo femenino. Los mitólogos intentan explicar la agregación del falo a las figuras femeninas de estas divinidades alegando que el atributo viril representaba la fuerza creadora original de la Naturaleza, y que tales divinidades hermafroditas expresaban la idea de que solo la reunión de los atributos masculinos y femeninos podía constituir una imagen digna de la perfección divina. [15]

A finales de la Edad Media, los monstruos asociados a la fecundidad, la sexualidad y la lujuria (como la propia Esfinge y la Bestia del Apocalipsis) se mezclaban en los bestiarios populares y en la oralidad. En ellos también figuraba el delicado unicornio, que, a pesar de representar la virginidad, también podía recibir una interpretación lasciva. Los faunos, los silvanos, los sátiros y los centauros, viriles criaturas de la horda de Pan, representaban lo desmesurado y lo orgiástico con sus cuerpos hirsutos y sus penes considerados desproporcionados con respecto al estándar artístico grecorromano. En el pensamiento medieval, estos seres estaban asociados con hombres salvajes o con los hombres del bosque descritos en varios (pseudo)relatos de viajes, que luego se asociarían con mucha facilidad con demonios variados y con la fuerza descomunal y seducción de los íncubos, lo que se verifica en el famoso *Malleus maleficarum,* cuando los *lutins* de los galos[16] y los faunos de origen grecorromano realizaban actos considerados impuros y de intensa lujuria, en los que se intercalaban lo masculino, lo femenino, lo homosexual, lo heterosexual y lo bisexual. Al mismo tiempo, tenían un lado fanfarrón y burlesco, un temperamento del que son herederos varios duendes posteriores, incluso el brasileño Saci.

Junto a estas fuerzas inicialmente muy masculinas, existe un femenino cargado de culpabilidades y maldiciones a fines de la Edad Media, como dice Kappler,[17] asociado a la brujería, a los maleficios y a los pactos con el diablo.

María Bonaparte, gran defensora de la causa psicoanalítica, y Mme. Edouard Marty, tradujeron al francés, en 1927, un texto muy interesante: *Una neurosis demoníaca en el siglo XVII*, de Sigmund Freud, fechado en 1923. En él, se relata un caso de «posesión demoníaca» del pintor Christopher (o Christoph) Haitzmann (1651/1652-1700), el cual llega a entenderse como el resultado de deseos y pulsiones primitivas reprimidos.[18] Al haber hecho un pacto con el diablo por primera vez en 1668, se vio obligado a someterse a varios exorcismos. Una vez, el pintor, presuntamente un neurótico obsesivo, se habría topado con el mismísimo diablo, que se le manifestó como un burgués bien parecido. La segunda vez se le apareció desnudo, deforme y con dos pares de pechos femeninos, elementos que aparecerán en visiones posteriores, entre las que surgirá, solo una vez, un largo pene terminado en forma de serpiente.[19]

Aunque Freud considerara algo inusual la representación diabólica con atributos de dos sexos, en realidad nunca lo había sido: si tomamos como referencia diferentes mitologías, comprobaremos que eran constantes los seres considerados malignos con características masculinas y femeninas y, en la Edad Media, este tipo de representación también se daba con cierta frecuencia. El atributo femenino no sería tan inesperado, considerando cuanto venían siendo asociadas ya las mujeres, hacía siglos, con la perdición: para el escritor florentino Brunetto Latini (1220-1294), la sirena-pájaro grecorromana y la sirena-pez céltica eran malvadas meretrices que habitaban las aguas porque la lujuria nacería en lugares húmedos.[20] Esto tendría que ver con las partes internas del cuerpo, con la propia humedad vaginal y uterina. De ahí que la alusión a la impureza fuera fácil, sobre todo por la repetición del ciclo menstrual, considerado venenoso y purgante de ese exceso de humedad —lo que se correlaciona con varios pasajes de antiguos textos bíblicos—. Precisamente por eso, durante el periodo de la regla, los hombres deberían evitar las relaciones sexuales con las mujeres. Esto permitió que la femifobia y el machismo crecieran hasta tal punto que la mujer también pasó a formar parte de la categoría de monstruos y chivos expiatorios. Su temido aspecto nocturno se mostraba en la figura de las brujas en sus aquelarres, cuando copulaban con el inframundo de forma orgiástica y engendraban monstruos mediante la ponzoña contenida en su sexo.

El *Malleus maleficarum* afirmaba que la mujer era como la quimera: la cara de león de ese monstruo señalaba la nobleza, la cual, a su vez, conducía a la hermosura; el vientre de cabra estaba relacionado con la inmundicia que, en consecuencia, tenía que ver con el contacto físico fétido; finalmente, la cola de víbora representaba la agresividad y, por tanto, una compañía mortal. En resumen, la mujer mataría a todo aquel que encantara, como hacían las sirenas. Me parece que, detrás de tanto desprecio, reside también una fuerte angustia de castración ligada a la fantasía infantil de ser devorado por la propia madre. En varios mitos, los héroes son engullidos por serpientes, peces enormes o pasan por sitios estranguladores, claustrofóbicos, posiblemente dentados, como si fueran vaginas monstruosas, en consonancia con los estudios de Mircea Eliade.[21]

Para Freud, ser devorado coincidía con el simbolismo sexual de la mujer, lo que demuestra lo polimórficas que son las estructuras que se repiten en el inconsciente desde hace milenios, poniendo de manifiesto ciertos procesos psíquicos que se muestran con cierta permanencia en el tiempo y el espacio. De hecho, para Claude-Claire Kappler, el monstruo sería ante todo un ejemplo del funcionamiento simbólico del psiquismo[22] y una forma privilegiada de expresión.[23] La investigadora es enfática al decir que un monstruo es forma, y esto concuerda con sus variadísimas representaciones plásticas, que proyectan negaciones y angustias que dan lugar a una huida de la realidad que puede causar el trauma. Simultáneamente, en combinaciones, o de forma independiente, el monstruo, para ella, tiene que ver con procesos como la deshumanización, la metamorfosis, la deformación, la distorsión, el aglutinamiento de formas y la estilización.[24]

En la Edad Media, en particular, el monstruo plasmaba una especie de convención extraindividual, y se puede considerar que este es el movimiento que todavía noto en la cultura actual: el monstruo tiene tanto una conformación subjetiva, al delirio de la fantasía propia de quien lo crea, como también refleja e infiere un estado de cosas que propone cómo, cuándo y dónde ese sujeto se enmarca. La propia Kappler dice que, si algunos sentidos dados al monstruo son más importantes en determinadas épocas, otros sentidos también están presentes, pero en un segundo plano,[25] asegurando la pluralidad de sentidos, funciones y formas monstruosas:[26]

> Bien que su secreto resida en la memoria humana, de una herencia mental transmitida a través de los tiempos, o en una noción primigenia, el monstruo se perpetúa, siempre semejante a sí mismo; tejido de sombra o de luz, frecuenta los ámbitos del hombre, vive de su vida, muere de su muerte.[27]

Breve presentación de las monstruosidades en Ambroise Paré

Si pudiéramos elegir un referente en lo que atañe al modo de abordar las monstruosidades de forma recopilada, sería la figura de Ambroise Paré (1510-1590), con su antológico libro publicado en 1573, *Monstruos y prodigios*. Para él, un monstruo solo podía ser reconocido desde el punto de vista del propio hombre, incluso desde la perspectiva del sofista Protágoras: nosotros, los humanos, seríamos, por tanto, la medida de todas las cosas.

Según el cirujano francés, un suceso monstruoso era algo que se entrometía en el orden de las cosas, no solo como manifestación de la gloria divina, sino, sobre todo, como afrenta provocada por los actos humanos. En este caso, el resultado de la ofensa sería la cólera de Dios, cuyas señales se verificarían en seres informes o deformes. Estos, según el pensamiento de la época, eran resultado de la cópula del ser humano con animales o entidades sobrenaturales y, por tanto, las formas monstruosas eran signos de malogro y mal augurio. La preferencia de Paré, cuando discutía sobre la armonía de la naturaleza, era siempre por las similitudes y repeticiones, y nunca por las excepciones. Como médico, le aterrorizaban las dolencias simuladas como forma de llamar la atención. Por ello, consideraba a los «vagabundos» y a los «impostores» personas detestables que merecían ser expulsadas.[28]

La definición de monstruo de Ambroise Paré, que constituye, en suma, el único párrafo del *Prefacio* de su obra,[29] aclara su modo de entender el tema. Un «monstruo» sería todo lo que está «fuera» del curso de la Naturaleza (con «n» mayúscula), como una criatura que nace con un solo brazo o que tenga dos cabezas, y esto sería un signo de alguna desgracia que habría de ocurrir.

Acto seguido, propone la palabra *prodigios* para referirse a cosas que acontecen «contra» la Naturaleza, como una mujer que dé a luz a una serpiente o un perro. Se constata ahí una delimitación que tiende a diluirse después: el monstruo es lo que está «fuera» de lo natural, pero no necesariamente en contra, mientras que el prodigio es lo que se muestra «contrario». Para su fundamentación, Paré se remitirá a autores de su tiempo y de la Antigüedad, como Pierre Boaistuau, Claude Tesserant, san Pablo, san Agustín, el profeta Esdras y de los sabios antiguos, como Hipócrates, Galeno, Empédocles, Aristóteles, Plinio y Lycosthenes.

El francés señala una tercera categoría: la de los «mutilados», que, para él, serían los ciegos, los tuertos, los jorobados, los cojos, o los que tenían más o menos de cinco dedos en manos o pies, o los tenían unidos, o los brazos cortos en demasía, o una nariz demasiado hundida como los chatos, o los labios gruesos y salientes, o el cierre de la zona genital femenina debido al himen o, incluso, a alguna carne «superflua». Como mutilados también estaban los llamados hermafroditas y aquellos que tuvieran manchas, verrugas, bultos o alguna otra cosa contraria a la naturaleza, según su pensamiento. No cabe duda de que tal «división clasificatoria» no ayudaba mucho, pero, en su momento, fue suficiente para causar furor y popularizar su trabajo.

Como trece causas para explicar el monstruo, Paré enumera, en su breve capítulo 1,[30] la gloria de Dios y, en segundo lugar, su cólera. Como tercera causa estaría la cantidad excesiva de semen y, como cuarta, su cantidad insuficiente. Como quinta, la imaginación; sexta, la estrechez (*angustie*) del útero; séptima, el modo inadecuado de sentarse de la mujer, que, al hallarse encinta, ha permanecido demasiado tiempo sentada con los muslos cruzados u oprimidos contra el vientre; octava, caídas o golpes asestados contra el vientre de la embarazada; novena, enfermedades hereditarias o accidentales; décima, podredumbre o corrupción de semen; undécima, mezcla de semen; duodécima, debido a engaño de los mendigos itinerantes (*meschans belistres de l'ostiere*, en el francés de su época), es decir, de los mendigos que iban tocando de puerta en puerta; y decimotercera, la acción de demonios o diablos.

En su capítulo 2, también muy breve,[31] Paré ejemplifica la gloria divina con un fragmento del capítulo 9 del Evangelio de San Juan (versículos 1-3): un hombre era ciego de nacimiento no porque él o sus padres hubieran pecado, sino para que las obras de Dios se manifestaran en él.

El capítulo 3, ya un poco más largo, está reservado a la cólera divina, que ocurre cuando especies extrañas entre sí se mezclan, y vuelven a la criatura no solamente monstruosa, sino también prodigiosa, como lo son quienes tienen cuerpo de perro o cuatro cuernos. Aunque, según el razonamiento del autor, el padre y la madre hayan presuntamente copulado de forma repugnante y contra natura, semejantes abominaciones solo se manifestarían con el permiso de Dios. El peso sobre la mujer es evidentemente incisivo en todo momento: Paré recordó que el profeta Esdras había advertido que las mujeres que tuvieran relaciones sexuales durante la menstruación podían dar a luz monstruos.

En el capítulo 4, hay ejemplos de monstruosidades que surgen de la excesiva cantidad de semen. En este punto de su obra, abundan imágenes alusivas, para nuestros días, al campo de la teratología médica. En el capítulo 5, Paré trata de las mujeres que gestan varios fetos en un solo embarazo: esto sucedería por un exceso de semen (según defiende Empédocles) o porque la mujer tendría varias separaciones y cavidades internas (de acuerdo con los estoicos). Los hermafroditas o andróginos, en el capítulo 6, eran consecuencia de que la mujer hubiera aportado tanto «semen» como el hombre. Paré ilustra el tema de las mujeres que se convirtieron en hombres, en el capítulo 7, con un tal Amathus Lusitanus, habitante del pequeño pueblo Esgucina, que tenía una hija llamada María Pateca. Al llegar a la edad en la que debería tener la regla, le salió un miembro viril que estaba oculto dentro. Así las cosas, a la niña la empezaron a vestir como a un niño y su nombre fue cambiado por el de Manuel.

En el siguiente capítulo, Paré ofrece, como ejemplo de monstruosidades generadas por la cantidad insuficiente de semen, la historia de un niño de nueve años que tenía solo dos dedos en la mano derecha, además de otras malformaciones. Las enumeraciones de casuísticas que hace el cirujano son variadas en todos los asuntos: en lo que respecta a la imaginación, la mujer aparece, una vez más, como el agente responsable. Históricamente considerada más tendente a «ensoñaciones» que los hombres, durante el embarazo podía quedar impresionada por algo y, por consiguiente, influir en las formaciones corporales que tendría el niño. Esta situación se ilustra con el relato de un niño que tendría rostro de rana y que nació así porque, supuestamente, hallándose su madre con fiebre durante el embarazo, aconsejada por una vecina, tomó en sus manos una rana viva para que bajara su temperatura.[32]

Los ejemplos continúan en su obra, en la que el autor aborda todas las categorías que propuso. En el caso de la duodécima, vinculada básicamente a imposturas y charlatanerías, el ejemplo inicial es el de un mendigo que había cortado el brazo de un ahorcado y lo utilizaba en la puerta de una iglesia como si fuera suyo, para que le dieran más limosnas.

Al abordar específicamente el tema de los demonios y los brujos, Paré trata sobre las cosas monstruosas hechas por estos. Además, escribe sobre los poseídos, que podrían hablar por el vientre y por sus «partes naturales», pero no necesariamente por la boca.[33] También se refirió a los demonios mineros, habitantes de las canteras, que podían enfadarse, molestar e incluso maldecir a quienes de ellos se burlasen. El autor comenta asimismo las ilusiones diabólicas, el arte mágica, las enfermedades extrañas y los íncubos y súcubos desde el punto de vista de los médicos. Para estos últimos, *Íncubos* sería un mal que haría que la persona se sintiera sofocada por algo pesado sobre su cuerpo, generalmente de noche, y que se presentaría en forma de una vieja comprimiéndole el pecho (curiosamente, todavía hoy, en ciertas regiones del norte de Brasil la gente habla de la *Pisadeira*, un tipo de bruja que provoca pesadillas). En la época de Paré, no obstante, la medicina ya planteaba la hipótesis de que esto se debía al efecto de bebidas y carne mal digeridas antes de acostarse.

Un capítulo específico sobre los monstruos marinos en el libro de Paré muestra imágenes de tritones y sirenas con cola de pez y patas con garras, pero también de jabalíes, elefantes, caballitos de mar, ballenas, morsas y cocodrilos, criaturas que realmente existen. Los animales «exóticos», cuyas características físicas o de comportamiento se manifestasen por «exageraciones» o «descompensaciones» de la naturaleza, según el entendimiento de la época, también entraban en la lista de monstruos. Y Paré aludió a los monstruos alados, entre ellos el avestruz, el tucán y el ave del paraíso. En el ámbito de los seres terrestres, se sirvió de algunas descripciones de André Thevet, figura destacada de su época por haber visitado

Brasil con los franceses, legando la obra *Particularidades de la Francia Antártica.*[34] Uno de los monstruos terrestres citados por el cosmógrafo y cronista francés es el *Huspalim*, de piel de rojo escarlata, que los etíopes mantendrían enjaulado. También figuraban en la lista de Paré la jirafa, el elefante, el rinoceronte, el camaleón, un tipo de unicornio llamado Pyrassouppi y un animal africano descrito por Thevet en su *Cosmografía*, llamado Haiit, y que, según los «salvajes», vivía del viento.

En el campo de los monstruos celestes, también hubo espacio para escribir sobre los cometas, considerados «barbudos y de largos cabellos» y de otras cosas que desfiguran el firmamento, como «antorchas, hachones, columnas, lanzas, espejos, batallas de nubes, dragones, duplicaciones de lunas y de soles».[35] Desde tiempos inmemoriales, las novedades en el cielo, especialmente en el nocturno, siempre han despertado atención y miedo y fueron consideradas un presagio de catástrofes o incluso del fin del mundo.

La máquina pulsional de *La cumbre escarlata*

Las consideraciones anteriores en este capítulo forman parte de mi deseo de configurar al Hombre Pálido de Del Toro como un gran deudor del imaginario bajomedieval. Así pues, saco a relucir lo que una criatura cinematográfica del siglo XXI puede contener de elementos de otras épocas, al mismo tiempo que su forma constituye un prisma para hablar de un malestar muy contemporáneo.

Con la bomba del orfanato de *El espinazo del diablo*, con el fauno y el horrendo monstruo con/sin ojos de *El laberinto del fauno*, llego al ingenio *steampunk* de *La cumbre escarlata*: una máquina que excavaba depósitos de una arcilla de color rojo sangre situados al lado de una mansión gótica, escenarios *deltorianos* para representar una sociedad marcada por la ruina ética.

Al analizar *La cumbre escarlata*, la tecnología monstruosa se materializa en la enorme máquina excavadora alojada en un terreno nevado adyacente a una mansión: «El fantástico es [...] una muleta existencial mucho más asumible para los personajes de Del Toro que su inadaptación a las complicaciones de la existencia cotidiana».[36]

Por otro lado, lo monstruoso también se halla en las apariciones fantasmagóricas que el espectador encuentra: la idea fue rendir homenaje a una larga tradición de terror gótico que fuese más allá de las producciones de serie B y que ya había tenido sus expresiones años antes, como *No tengas miedo a la oscuridad* (2010), *La maldición de Rookford* (Nick Murphy, 2011) y *La mujer de negro* (James Watkins, 2012), además de *Mamá* (2013), *Expediente Warren: The Conjuring* (James Wan, 2013), *La mujer de negro: El ángel de la muerte* (Tom Harper, 2014) y *Sinister 2* (Ciarán Foy, 2015).

En *La cumbre escarlata,* como en otras películas de Del Toro, lo fantástico se muestra paralelamente al universo de los personajes, quienes, junto con el espectador, son los que ven los fantasmas y las premoniciones. Edith, la heroína nostálgica, cuando aún era niña se encontró con el espectro de su propia madre que le decía que evitara un lugar llamado «Cumbre Escarlata» (*Crimson Peak,* en el original). Ya adulta, ella, de espíritu moderno e independiente, decide ser autora de literatura fantástica en un mundo contaminado por hombres que quieren ganar dinero y por mujeres que sueñan con convertirse en elegantes damas. El director rinde homenaje a las primeras representaciones de fantasmas en la fotografía del siglo XIX en una escena en la que algunas apariciones habrían quedado plasmadas en placas de vidrio. Y, así, Del Toro contrapuso una imaginería barroco-romántica con la texturización digital de las apariciones:

> El fantasma cinematográfico está lejos de haber sido tan solo una metáfora a lo largo de la historia del cine: representa un estado anímico de la imagen, que ha subvertido en cada momento de la historia del cine lo establecido por tecnología e ideología como realista, en un medio que, si algo hace a la perfección, es perpetuar la ilusión de vida de los muertos.[37]

Desde aquí acudo a las representaciones digitalizadas del fantasma en el cine de este siglo, fenómeno que puso de relieve cómo los avances tecnológicos rescatan, al mismo tiempo, lo que no se quiere abandonar: la fantasía, el espíritu romántico y la ensoñación, expresados, en este caso, en la posibilidad de seguir comunicándose con los muertos —pese al desencanto que provocan los dispositivos tecnológicos y la pérdida de lo sagrado— o, más aún, de percibir, en esos «nuevos muertos», la plasticidad que solo la textura digital podría provocar:

> El espectáculo de lo fantasmático digital se ha vuelto a principios del siglo XXI tan significativo como el de la mansión encantada en ruinas para la literatura gótica del siglo XIX: un espacio privilegiado para la confrontación entre órdenes incompatibles, para las reminiscencias nostálgicas y la expresión de almas en pena.[38]

A fin de cuentas, ¿cuáles son algunos de los rasgos más distintivos de lo gótico, según nos recuerda Diego Salgado en su texto, mediante una cita de Teresa A. Goddu?[39] La presencia de la casa embrujada (y añado: o el castillo o, incluso, el cementerio), un villano demoníaco, las apariciones de los muertos, los paisajes lúgubres y oscuros, en tonos violetas, grises o azulados, el delirio y las alucinaciones. Agrego la figura de una heroína alterada o debilitada, con una mezcla de histeria y melancolía en su carácter.

La forma de un monstruo

Como ya he indicado, hace mucho tiempo que el monstruo de los gabinetes de curiosidades se trasladó a los laboratorios. Guillermo del Toro ya lo había expuesto dentro del frasco en líquido ámbar: el feto de *El espinazo del diablo* (2001), cuyo jugo se vendía a quienes querían curas milagrosas, especialmente a hombres con disfunción eréctil. Era un mortinato deforme, con una columna vertebral aparente, similar a la estructura de un dragón. Este mismo lugar de exposición y estudio se atribuye a lo monstruoso en otras películas, como *La momia* (2017), de Alex Kurtzman, en la que el laboratorio del científico —casi siempre un chiflado, pues esta caracterización poco ha cambiado a lo largo de la historia del cine— está compuesto por una amplia variedad de recipientes que contienen partes de seres extraños, ejemplos de una teratología ctónica en una delirante colección criptozoológica, simulada en una de las grandes alas del Museo de Historia Natural de Londres. Evoco este segundo film debido a la máxima *Monstrum vel prodigium*, anunciada por el personaje científico, imbuido de su supuesto saber. La expresión es conveniente, pues traducía, en el derecho romano, la presencia de un neonato muy diferente de la anatomía humana considerada normal y que, por ello, era privado de representación legal, equiparándose al nivel de los que ya estaban muertos.

En *Alien: Resurrección* (Jean-Pierre Jeunet, 1997), una secuencia de escenas muestra a la teniente Ellen Ripley en un horripilante laboratorio de seres híbridos deformes, conservados en cápsulas de vidrio y estufas: un aviso de en lo que ella se podría haber convertido. Por su parte, en *La casa del pánico* (D. J. Caruso, 2016), la residente de una antigua mansión descubre una habitación oculta en lo alto de una torre, en la que se encerraban a niños con malformaciones. Los susodichos tenían que pasar sus breves vidas lejos de los ojos de los humanos considerados normales.

La mitología grecorromana está llena de excluidos de esta categoría: no solo seres repudiados y abandonados a su suerte (en la versión original del mito, el bebé Edipo, al que un sirviente de Layo metió en una cesta y lo dejó sobre las aguas; Etra y su hijo Teseo, encerrados en una gran caja arrojada al mar; Pan, despreciado por su madre por haber nacido con cuernos, barba y pies de cabra; Despina, olvidada por su progenitora, que estaba más preocupada por rescatar a su otra hija, Perséfone), así como figuras igualmente incómodas (el pulsional Dioniso; Hermafrodito, hijo intersexual de

Hermes y Afrodita; el enclaustrado Minotauro; el rechazado Polifemo monocular) y proscritas (Lamia, Medusa y Medea).

El prodigio de *La forma del agua* fue alojado en un laboratorio bajo dirección militar: encarnaba peligros y, por tanto, tenía que permanecer oculto y vigilado para, a la postre, ser destruido. Para el Dr. Robert «Bob» Hoffstetler —seudónimo del ruso Dimitri, un científico espía infiltrado entre los estadounidenses—, había que mantener con vida a la fantástica criatura, pues reconocía la posibilidad de que aquel ser generara beneficios a la ciencia. En cambio, para el general Hoyt, que lucía con orgullo sus cinco estrellas en el hombro, el anfibio tenía que ser eliminado a toda costa; y las pruebas de su existencia, ocultadas. A lo sumo, se estudiaría una vez muerto.

¿Qué peligros podían preverse en la simple existencia del monstruo bajo tutela? Con la revelación de su existencia al público, aparte del escándalo sensacionalista que daría la vuelta al mundo, se pondría en evidencia la fragilidad de la especie humana: no seríamos los únicos dotados de una inteligencia considerada superior. La «aberración», nada limítrofe en sus demostraciones cognitivas, levantaba así mismo la sospecha de que hubiera otras como ella, sumergidas en la oscuridad de los grandes ríos y lagunas amazónicos. Por tanto, no solo existiría la amenaza roja en aquellos tiempos de la Guerra Fría retratados en la obra: existiría, quién sabe, también una verde y escamosa.

De este planteamiento inicial, paso a lo que me parece más candente de la película en cuestión: hay algo que no cesa de mo(n)strarse en la forma que el agua albergó. El mayor peligro residía en la constatación de la presencia de lo que no era anatómicamente humano, aunque, por un lado, su morfología lo aparentase —es decir, no se trataba de un hombre en el sentido en el que la sociedad estadounidense de los años 1950 podría atribuirle— y, por otro, tal ser marcaría una crisis para las ontologías humanistas y eliminaría de una vez por todas las fronteras entre lo humano y sus otros.

Este otro de lo humano, llamado Asset por quienes lo atraparon (traducido del inglés, «bien», «activo», «mercancía»), se mostraba amable y encantador, a pesar de sus comportamientos esporádicos que causaban repulsión, como cuando mata a un gato para alimentarse de él. Asset tenía en sus manos un poder curativo, y no solo eso: también de rejuvenecimiento. Por lo tanto, entre centro y ausencia, el monstruo de *La forma del agua*, tal como doy a entender en este texto, representa, en términos psicoanalíticos, tanto la femineidad como el más allá del falo.

En este contexto, el personaje dialoga con aspectos de Dioniso, quien, al llegar a Tebas, la tierra de su madre, junto con sus ménades y sátiros, fue considerado extranjero: ocurría que el dios caótico no era de esa ciudad, pero tampoco tenía otro paraje que lo representara; era masculino, pero se travestía y se burlaba del *statu quo*; su séquito estaba formado por seres despreciados, marginales e híbridos. Lo acompañaban mujeres locas y despeinadas, seducidas por el delirio que les provocaba. Dioniso era una amenaza, un ser deslizante, pura metáfora de lo éxtimo, al igual que Asset, la criatura de Del Toro, cuyo apodo era, por un lado, una forma de evitar su humanización y, por otro, servía como una forma de valorarlo como mercancía, según el propio término en inglés y, más aún, como el más preciado de todos, como queda declarado en el film.

Como expliqué anteriormente, Jacques Lacan había creado el término *extimidad* para abordar lo más íntimo que tenemos y que, paradójicamente, también nos es externo. Para mí, el arte, que la vulgata de la crítica considera que procede de lo íntimo, de lo interno, de la esencia, casi rozándose con el campo de lo sagrado y lo numinoso, sería, más bien, producto de aquello con lo que lo éxtimo, «la exterioridad íntima» para Lacan, nos proporciona: «hay siempre un no saber irreductible que no cesa de no escribirse en cada saber constituido. Es la hipótesis misma del inconsciente como un saber no sabido, heterogéneo a todo conocimiento supuestamente objetivo».[40] Según Miller:

> ¿Qué es la extimidad? La extimidad califica una falta de significante y, a la vez, un lleno. Califica una falta en decir correlativa de un plus de gozar. Podemos decir al mismo tiempo que el deseo viene del Otro, es un fenómeno de lenguaje. No hay deseo para quien no habla. Hay deseo porque se habla, y no se sabe lo que se quiere decir. Esto basta para introducir el deseo, el cual viene pues del Otro, pero además el objeto a es causa del deseo. El único concepto que permite conjugar estas dos proposiciones es la extimidad, donde se formula que en el Otro está la causa del deseo.[41]

En el *Libro 9*, está presente la figura geométrica toroide, que busca localizar la función del sujeto, y que existe primeramente ajeno a sí mismo, en el propio discurso del Otro. Ahora bien, si lo más íntimo que se tiene está en un «afuera interno», eso solo puede escapársenos todo el tiempo. Hay belleza en la ambigüedad de sentirnos visitados por un extranjero que desde siempre ha vivido con nosotros, de ahí la dificultad —de la que el horror artístico se apropia muy bien— de que aceptemos la extimidad y los agujeros que le son inherentes.

Un segundo aspecto que llama la atención en este contexto es la desinversión fálica, falicista y falocéntrica, una de las más fuertes directrices en la película de Del Toro, si no la principal. Y digo más, afirmando que ese aspecto colaboró a asegurar la empatía del público por la obra. *La forma del agua* parece embebida del deseo de una cultura que haga un movimiento, aunque sutil, hacia la deconstrucción del modelo patriarcal machista. Si por un lado parece difícil señalar *de facto* la caída del falocentrismo, por otro es posible entender que la obra de Del Toro pone de relieve una especie de desterritorialización del falo, transferido de los centros de poder —su lugar primero— a los márgenes de la cultura, aun en reconfiguraciones debilitadas. Para mí, esto queda demostrado en el desmoronamiento de figuras tradicionalmente poderosas, centradas en el hombre heterosexual que busca dominar el mundo mediante la imposición de la fuerza. Recelo que, en varias expresiones sociales, el falocentrismo clásico tiende, en la actualidad, a presentarse diluido en posturas falicistas, lo que parece un camino civilizatorio menos traumático, dado que el poder se reparte en otros grupos.

En la sociedad actual, cada vez más voces, antes minoritarias y sin expresividad, ganan un lugar de enunciación. En general, esto no se produce mediante la fuerza bruta, sino mediante estrategias que evitan repetir el juego de poder. En la película, esto se ejemplifica cuando el personaje de Zelda —la limpiadora negra que trabaja en el centro militar durante el turno de noche— desoye a su acomodado esposo y decide advertir a su amiga Elisa Esposito que los militares están buscando a la criatura; o, también, cuando el científico Dimitri decide no recurrir a una dosis de inyección letal para exterminar a Asset.

En esta misma perspectiva de decadencia cultural falocéntrica, enfatizo que cualquier información que el espectador obtiene sobre la constitución genital del monstruo proviene de los gestos de su amante. Elisa le reveló a Zelda que el pene del ser permanecía oculto, exteriorizándose, no obstante, durante el acto sexual. Haciendo uso de la mímica, la limpiadora muda nos hace presuponer la existencia de algo encapsulado en la pelvis y expuesto durante la cópula.

En la escena en cuestión, en un primer momento, se ven sus manos abriéndose, casi dando a entender una vulva (o cloaca) y, luego, apunta su dedo índice hacia adelante, demarcando el pene que finalmente aparecería, un órgano que no era pura anatomía, sino —y más importante aún— un señalizador, un elemento de desplazamiento que aludía a lo que no estaba de hecho presente. El gesto final de Elisa puede interpretarse como indicación y dirección, ya que el pene-falo simboliza una estructura social que se derrumba en favor de la armonización de formas relacionales menos dispares y agresivas.

Asset, de condición anfibia, ya de por sí se sitúa en la frontera entre dos mundos. Su pene oculto permite su acercamiento simbólico a determinadas personas intersexuales y transgénero. El propio director afirmó que no pensó en cómo sería el órgano sexual de su creación y mencionó que, en grandes cardúmenes, los individuos pueden incluso cambiar de sexo. En una entrevista, Del Toro —al comentar sobre el consolador comercializado tras el éxito de *La forma d*el agua— afirmó que el juguete erótico no era exacto (*accurate*), ya que no se pretendió ninguna precisión anatómica peniana para su personaje.[42] Es más, el director dio a entender que este aspecto no formaba ni podría formar parte de la exégesis de la película, ya que el encanto —cuyo respaldo se encuentra en la propia fantasía del espectador— radica en imaginar, en entregarse a la ensoñación.

No son nuevas las películas que representan el amor erótico entre una mujer y un ser bestial, como la escandalosa *Max, mi amor* (Nagisa Oshima, 1986), en la que el amante del personaje de Margaret era un chimpancé. Pero en *La forma del agua*, Elisa sirve de casuística para estudiar lo que hay de «loco» en el deseo histérico femenino más allá del falo, lo que puede ser una reconciliación con la propia castración. Si hubiera alguna escena sexual explícita entre Asset y Elisa, probablemente *La forma del agua* tomaría otro rumbo y, al contrario de lo que realmente fue, perdería gran parte de la «maleabilidad» que le ofrece al público, como un desencadenante para la fantasía. Al mismo tiempo que la toma como objeto de deseo, el amante de Elisa presenta una sensibilidad que apunta a lo romántico, a lo femenino y a lo delicado en la cultura humana. Evidentemente, el malo Richard Strickland no quiso eliminarlo solo porque Asset fuera una «aberración» agresiva, sino porque reconoció en él otro modelo, muy diferente al suyo, y en ese sentido detectó una amenaza. Sin duda, Asset anuncia una configuración transgénero que dialoga mucho con ciertas reivindicaciones sociales de nuestro tiempo.

Películas y libros dentro de La forma del agua

En *La forma del agua*, el encanto proviene, como en muchas otras obras del mismo tema, de la relación afectuosa entre una mujer y un monstruo. Aquí no se trata solo de su referencia más directa, *La mujer y el monstruo* (Jack Arnold, 1954) y de sus dos secuelas (*El regreso del monstruo*, Jack Arnold, 1955; *El monstruo vengador*, John Sherwood, 1956), sino, enfáticamente, del cuento de hadas *La bella y la bestia* —en especial la versión de Jean Cocteau de 1946, la favorita de Del Toro— y de todo el linaje de amores entre la delicadeza y lo horripilante (como la fábula moderna de *King Kong* en sus diversas adaptaciones), situaciones en las que aparece una dama que humaniza lo monstruoso masculino.

Existe un conjunto de referencias cinematográficas directas e indirectas en la película de Del Toro que vale la pena mencionar, como *La cosa del pantano* (Wes Craven 1982), en el que el científico Alec Holland se transforma en un monstruo y regresa para vengar a su amada, Linda; *Starman, el hombre de las estrellas* (John Carpenter, 1984), cuando un alienígena en misión de paz llega a la Tierra siguiendo el mensaje de la Voyager 2 y es atacado por el ejército; *¡Liberad a Willy!* (Simon Wincer, 1993), en el que una orca confinada en un acuario es liberada por un niño de 12 años; *Amélie* (Jean-Pierre Jeunet, 2001), especialmente en el carácter de la joven ingenua y en el uso de colores muy saturados que, en *La forma del agua*, se obtuvieron en tecnicolor; o, incluso, *Dioses y monstruos* (Bill Condon, 1998), debido a la figura de Giles, el personaje gay en la película de Del Toro. En cuanto a las referencias cinematográficas bíblicas, en *La forma del agua* hay escenas de dos épicas: *La historia de Ruth* (Henry Coster, 1960) y *Sansón y Dalila* (Cecil B. DeMille, 1949), proyectados en el decadente Orpheum, el cine situado debajo del apartamento del personaje de Elisa.

Dalila, en el Libro de los Jueces, le corta el pelo a su amado, en un gesto de traición por no haber sido amada como a ella le gustaría. Se trata de la repetición de la historia de la mujer fálica y castradora que vilipendia al hombre, extirpándole el símbolo de la virilidad. Sansón, a la deriva, es atrapado y humillado por sus enemigos, como ocurre con el león de la melena cortada en la novela *El león, la bruja y el armario*, de Clive Staples Lewis. En *La forma del agua*, Elisa actúa como Dalila frente a Sansón-Strickland, un hombre religioso que no acepta ser cuestionado ni siquiera por su superior militar. En su delirio falicista, se muestra como el oponente directo de Asset que, en este caso, es la metáfora de los enemigos del nazareo del Antiguo Testamento.

La otra producción en cinemascope homenajeada por Del Toro, *La historia de Ruth*, trata sobre una joven vendida a los seguidores del dios moabita Quemos. Ella se conmoverá ante el sufrimiento de un esclavo judío llamado Mahlon, renegará de la idolatría, lo liberará e incluso será amiga de su madre, Noemí. «You are a god» («Eres un dios»), dijo el derrotado Strickland a la criatura, lanzándonos a una de las preguntas ontológicas de nuestros días: a fin de cuentas, ¿estamos hechos a imagen de quién, si hasta los monstruos pueden ser más humanos que nosotros?

La forma del agua también hace alusión al musical *Martes de Carnaval* (Edmund Goulding, 1958), en cartel en el Orpheum, y a *La pequeña coronela* (David Butler, 1935), apuntando el sabor de los entretenimientos de una determinada época. En la obra de Del Toro estamos en Baltimore, a principios de los años 60, cuando la carrera espacial y la Guerra Fría provocaban un mundo asolado por los nuevos miedos surgidos tras la Segunda Guerra Mundial: los armamentos nucleares, el ultraespionaje, los avances tecnológicos de diversos órdenes: todos marcadores temporales del Antropoceno para varios investigadores.

En la película, Richard Strickland, un veterano de la guerra de Corea que quiere triunfar en la vida a toda costa, se compra un Cadillac y lee *El poder del pensamiento positivo*, un *best seller* de autoayuda escrito por Vincent Peale. Vestido de negro cual gánster, representa el lado oscuro del hombre racional que cree que el poder va de la mano del éxito y de los bienes materiales. Encargado de trasladar a la criatura desde Sudamérica hasta el laboratorio científico, este macho de nuestra especie se vuelve cada vez más frágil conforme más acosa a la empleada y hace el amor de forma mecánica con su mujer. Sin su porra eléctrica, con la que tortura al prisionero anfibio, es prácticamente un don nadie. En la escena en la que las dos mujeres de la limpieza son importunadas por Strickland dentro de los aseos masculinos, queda claro el valor fálico que asume la vara de descargas eléctricas fabricada en Alabama para controlar al ganado. A diferencia de Asset, que solo se defiende con sus propios atributos corporales, Strickland necesita un tipo de tecnología externa al cuerpo, una especie de prótesis-dildo con la función de duplicar su potencia, pero que, ni así, garantiza su supremacía todo el tiempo ante el monstruo. He aquí la rivalidad entre un viejo modelo y uno nuevo: un hombre de la época en que el mundo era conquistado por la fuerza y otro, extraño, que no quiere conquistar nada, salvo la libertad de vivir. Otro aspecto llamativo de Strickland es que desarrollará una infección en dos dedos que le fueron implantados; el empeoramiento de su salud y, posteriormente, que él mismo se arrancara los dedos comprometidos, nos lleva a la asociación con alguna criatura en proceso de zombificación, al menos. Cuanto más el villano defiende haber sido creado a semejanza de Dios, más se aleja de cualquier prototipo adánico y se va volviendo oscuro, frustrado y agresivo.

Cuatro personajes

La historia de *La forma del agua* comienza como un cuento de hadas y presagia una historia de amor. Elisa, soltera y muda, divide su vida entre el ático sombrío con baños masturbatorios y su trabajo nocturno como limpiadora en un centro de investigación. Su apellido, Esposito, es uno de los más comunes en el sur de Italia. Su jefe, Richard, hablando con ella, remarca que el término significaría «huérfana».

Sin embargo, aquí procede una interpretación más exacta: etimológicamente, la palabra proviene del latín *expositus*, es decir, *expuesto*, y, en su origen, tenía que ver con los niños considerados defectuosos o monstruosos que eran expuestos públicamente en la Roma Antigua, o aquellos dados en adopción, a menudo en un *ospizio degli esposti* (es decir, un orfanato). Con la unificación de Italia, la ley prohibió poner apellidos que reflejaran el origen de los niños. En la película, Elisa puede ser considerada el resultado de una situación de orfandad y violencia familiar: sus cicatrices en el cuello parecen hacer referencia a algún tipo de agresión física que le impidió hablar.

En la antigüedad clásica, la costumbre de exponer a los recién nacidos con rasgos considerados teratológicos parece tener su origen en la pena de la *sacratio*, que permitía quemar a los niños o arrojarlos al mar desde la cima del monte Taigeto. De ahí surgió el *ius exponendi*: la «exposición» jurídicamente amparada de la prole en público, con el objetivo de abandonarla a su suerte. Esta es la base, según Ludueña Romandini,[43] de la antropotecnología eugenésica antigua. El paralelismo con lo que ocurre en la película de Del Toro: aquella ley le permitía al hombre tomar la animalidad del otro para hacer de ella algo politizable, y la exposición del recién nacido marcaría su entrada en la esfera de lo salvaje: al fin y al cabo, el propio mito fundador de Roma versaba sobre Rómulo y Remo, dos expuestos cuidados por una loba. De ahí surgió la tradición de honrar al fauno Luperco, suavizando las separaciones entre animal y hombre a través de festividades, las lupercales. Procedimientos como estos actuaron como organizadores de la idea de eugenesia, que contaminó el pensamiento occidental en distintos momentos de la historia y que tiene, en el personaje de Richard Strickland, un representante: este cuestiona la semejanza de Zelda con Dios, dando a entender que él es el que estaba mucho más cerca del ideal fisionómico de la divinidad cristiana. Strickland tiene un acentuado desprecio por las mujeres y el conocimiento científico, expresando el rigor de su religiosidad patriarcal. El mismo dios tirano, sin embargo, se vuelve contra él en la figura del general Hoyt, en este caso el máximo exponente de la eugenesia, que no perdona ningún error.

El film arranca con imágenes oníricas que muestran el mobiliario y diversos objetos de la casa flotando en un apartamento inundado, una metáfora del refugio uterino. La percepción temporal en las escenas iniciales traslada al espectador al silencio subacuático: hay algo lacustre, dulce y húmedo, invaginado en un verde envejecido que recorre el decorado, el vestuario y la fotografía. «El agua es como el amor, no tiene ninguna forma. Toma la forma de todo lo que habita en ella. Es el elemento más poderoso del universo. Es suave, flexible, pero rompe cualquier barrera», dijo Del Toro al canal KUTV de Salt Lake City.[44] En el judaísmo, el agua simboliza la vida que nace y renace, pero que también puede ser destruida: quien se sumerge en ella en la *mikve*[45] se purifica; y los impíos son destruidos con inundaciones y olas.

La condición histórica de la mujer está representada por la posición a la deriva de Elisa: «incompleta» incluso en la voz que le falta, trabaja de noche, ajena a los ojos de los hombres que pudiesen interesarse en ella. Con Giles —el amigo gay que pierde oportunidades como ilustrador debido a los avances tecnológicos en el mercado laboral— y con Zelda Delilah —la colega negra de limpieza que tiene que cuidar de Brewster, un inepto y aprovechado marido—, Elisa forma el triángulo de los humanos excluidos de la película, con un toque fuertemente político. En los tres se centran las cuestiones contemporáneas vinculadas a la intolerancia: el racismo, la homofobia, la femifobia y el acoso, en paralelo a la familia estadounidense idealizada y pseudofeliz de Strickland, características de un país falsamente idílico. Junto con Asset, estos tres personajes oprimidos conformarían un cuarteto de mutua simpatía, cuyo escenario principal de la trama es el laboratorio científico. A estos cuatro se le puede sumar también el científico ruso Dr. Hoffstetler, que inicialmente parecía un espía normal y corriente, pero que estaba en el centro de la investigación para «aprender», un verbo que él mismo utilizaba repetidamente con sus líderes comunistas. Su negativa a exterminar al monstruo demuestra un cambio de perspectiva, no solo científica, sino filosófica, en aras de comprender lo diferente.

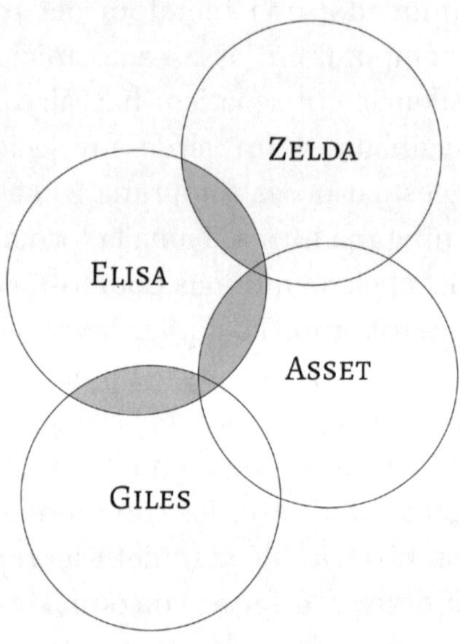

Los cuatro personajes oprimidos por el *statu quo*
Fuente: ilustración de Frederico Moreira

El laboratorio, con sus cilindros y cuadros de control, es otra de esas fantasías de Del Toro que se acercan a la estética *steampunk*. El sitio tiene algo de monstruoso, como la sangrienta excavadora de *La cumbre escarlata*. En *La forma del agua*, la tecnología que viene de fuera del cuerpo es agresiva, fálica, como la porra que electrocuta o el revólver que dispara. Sin embargo, la que aparece adherida al cuerpo es delicada, armónica, integrada: Asset también dispone de un tipo de parafernalia tecnológica, pero, en su especie biológica, parece tan amalgamada con el cuerpo que forma una unidad con lo orgánico —aspecto que coincide con el de los seres alienígenas que, en algunas películas, son considerados superiores a nosotros, como *E.T., el extraterrestre*

(Steven Spielberg, 1982), *Abyss* (James Cameron, 1989) y *Avatar* (James Cameron, 2009). Además, la condición de Asset nos traslada a otra película contemporánea suya, *La piel fría* (Xavier Gens, 2017), en la que un meteorólogo solitario abandonado por la armada británica en una isla del círculo antártico, en 1914, resiste al asedio repentino de unos seres acuáticos azulados, un tipo de civilización anfibia. Una de las criaturas es precisamente una hembra subyugada por un farero, el otro habitante humano del inhóspito lugar, que la maltrata y viola con frecuencia.

Qué forma un monstruo

La forma del agua nos hace pensar sobre qué tipos de monstruos «necesitamos» en este momento de la civilización. Algunas pistas surgen cuando consideramos que ninguna obra está aislada. Cuando se estrena una película, se puede tejer, a partir de ella, una red de relaciones semióticas que la acercan a otras producciones. En este sentido, afirmo que *La forma del agua* es un capítulo previo a la gran maraña neoliberal y neocapitalista de este siglo y que coincide con el advenimiento del Antropoceno como era humanogeológica, remitiéndose, a modo de precuela, a la crisis de la condición humana mediante la ciencia ficción.

En la historia de la obra de Del Toro también estamos «décadas antes» de la confluencia de dos obras cumbre del pensamiento filosófico del cambio de siglo: *A Cyborg Manifesto* (1984), de Donna Haraway,[46] y *How We Became Posthuman* (1999), de Katherine Hayles.[47] Ambos libros presentan formas de rechazar la interpretación binaria occidental. A diferencia de los cíborgs supermasculinizados de *Terminator* (1984) y *Terminator 2: el juicio final* (1991), bajo la dirección de James Cameron, el cíborg de Haraway, como es bien sabido, es un *trickster* dionisíaco.

En este contexto, el personaje de Richard Strickland es emblemático: se traduce como el signatario de un mundo quebrado, retrógrado y reaccionario, en el que la tecnología no se utiliza para ayudar al otro, sino para destruirlo. A medida que, con su codicia, aboga por la supremacía del hombre y de su sexo sobre el mundo, Strickland rechaza la hibridación, la fusión, el polimorfismo, la ausencia. En el cine, una de las consecuencias de personajes como él fue la proliferación de seres abyectos e infectos pos-Romero: los zombis, monstruos oficiales de la recesión económica, del letargo cultural, del estancamiento de la educación y sus correlatos.

El zombi, elemento originario de la mitología subsahariana, formaba parte, hasta la década de 1960 en el cine, de las aventuras novelescas neogóticas que lo presentaban como un monstruo resultante de acciones tanatopolíticas aplicadas a personas esclavizadas de las *plantations* de Haití (*La legión de los muertos sin alma*, 1932; *La rebelión de los zombies*, 1936, ambas de Victor Halperin). Estas películas, que para muchos no parecen exponer nada muy polémico y únicamente tendrían una función de entretenimiento barato, son, en realidad, excelentes reflexiones de una vasta maquinaria tecnológica con funciones tanatopolíticas aplicada por medio de las acometidas de la colonización europea, que quería hacer del africano esclavizado una herramienta de trabajo animalizada y no pensante.

Solo desde las películas de Romero en adelante, el zombi tomaría formas más contemporáneas, cuando este monstruo caló definitivamente en las producciones audiovisuales, los videojuegos, los libros y los cómics. Así, se mostraba que el capitalismo alteraba la cultura de una manera cada vez más corruptible. Eran básicamente tres pilares temáticos fundamentales los que sobresalían en los productos con temática zombi: el consumismo, el militarismo y una ciencia narcisista. Por ejemplo, una gran parte de las películas y series de zombis muestran a líderes cegados por el poder que acaban convirtiéndose en verdugos de las horribles criaturas que ayudaron a crear y, en ocasiones, incluso en sus víctimas. En este último caso, casi siempre como resultado de experimentos fallidos (ensayos con radiaciones, agentes contaminantes, armas bioquímicas, proliferación de virus, etc.). El cine siempre nos ha alertado sobre lo pandémico y lo virológico.

La cultura en torno a los monstruos en el siglo actual ya no propone solo la amenaza que viene de fuera —de tierras desiertas y exóticas o de planetas inexplorados, o incluso de naciones enemigas—, sino que también le aporta a las tramas especies extrañas que penetran en estructuras de toda clase —social, corporal y/o psíquica— para predecir un futuro inevitablemente mixto, como nos permite ver la fábula de Del Toro. Ya sea en el alienígena ultrainteligente, pero perverso, que corroe cualquier material orgánico e inorgánico e incluso sobrevive en el vacío del espacio [*Life (Vida)*, Daniel Espinosa, 2017], o en aquellos seres que emergen de los océanos y de los confines de la Tierra para causar el caos (*Pacific Rim*, Guillermo del Toro, 2013), todas las estructuras se ven fuertemente sacudidas por la intromisión monstruosa.

El laberinto de los seres despreciados

Como ya he comentado, *El laberinto del fauno* es una de las películas en castellano de mayor éxito del siglo XXI y, aunque Del Toro sea mexicano, esta coproducción se remite directamente a la historia española. Al igual que en la anterior *El espinazo del diablo*, la trama se sitúa en la Guerra Civil, especialmente en lo que respecta a su impacto en la infancia. En la primera obra, Ofelia, una niña sumida en la sociedad patriarcal, se halla entre dos mundos, el del franquismo destructor (expresado en la figura de su violento padrastro) y el del fauno fabuloso y aterrador: dos horrendas figuras paternas a las que ella se enfrentará con la ayuda de la criada Mercedes, que trabajaba para los rebeldes republicanos.

En ambas producciones, el director se apunta a la tradición española del cine fantástico en la que los niños afrontan experiencias traumáticas (por ejemplo, *El espíritu de la colmena* [Víctor Erice, 1973], *¿Quién puede matar a un niño?*

[Narciso Ibáñez Serrador, 1976] y *Cría cuervos...* [Carlos Saura, 1976]),[48] temática que él mismo continuó con *El orfanato* (producción hispano-mexicana de 2007, dirigida por Juan Antonio Bayona con producción ejecutiva de Guillermo del Toro), entre otras.

Por su parte, en *La forma del agua,* Elisa es una mujer impregnada por la piel del deseo: toca al monstruo anfibio en delicado éxtasis, y solo así se da cuenta de que él es más que una anomalía irracional, como afirmaban los militares. Luego, varios puntos de la epidermis de la criatura se encienden en una tonalidad azul fosforescente feérica, rompiendo cualquier visión premeditada sobre la bestialidad en torno a aquel ser. No se trata de evocar una matriz monstruosa como la del Minotauro de Creta, en la que el falo dictaba la violación sanguínea y sexual de las vírgenes que eran ofrecidas al monstruo, sin posibilidad de apaciguamiento; tampoco Asset es como Frankenstein con la niña de las flores junto al lago, como se plasmó en la película de James Whale de 1931. Por cierto, Del Toro llegó a decir que el papel de la chica de las flores en *El doctor Frankenstein* era, para él, la escena más poderosa del cine de terror, y que sus películas no serían más que el deseo de, algún día, producir lo que sintió cuando vio aquel fragmento del citado clásico.[49]

En torno a su anfibio, Del Toro creó una erótica que huye de la ingenuidad de las historias en el tradicional estilo Disney para asentar una composición monstruosa más similar a la del imaginario de los cuentos populares campesinos europeos de siglos pasados: es decir, la de que hay algo horrendo en la condición humana. Es por eso por lo que *La forma del agua* encanta y perturba a la vez al espectador, evocando, en el plano sexual, varias extrañezas: la primera de ellas es la posibilidad de que una humana se sienta atraída sexualmente por un ser de otra especie. El actor Doug Jones, que interpretó al monstruo, afirmó, en una entrevista, que su éxito entre el público también se debió a la fórmula que aunaba hombros anchos, cintura estrecha y un culo para matar.[50] Sin embargo, la combinación de estos atributos clásicamente masculinos con el misterio que rodeaba a sus genitales hizo que, poco después de que se estrenara la película, una empresa de productos eróticos vendiera dos consoladores de diferentes tamaños inspirados en el supuesto pene de la criatura. A ambos les pusieron el nombre de «Joya del Amazonas» y se agotaron rápidamente. Nada que sea muy nuevo hasta aquí, ya que los monstruos y los humanos han mantenido, desde siempre, relaciones no solo románticas, sino también muy sexualizadas, como suele ocurrir con los vampiros del cine y con otros seres fantásticos de diversas mitologías.

Zelda, la amiga de Elisa, al enterarse del idilio de Elisa con Asset, bromea diciéndole que nunca hay que confiar en un hombre, incluso cuando parezca que no haya nada «ahí abajo». Queda claro que, a juicio de la colega limpiadora, el ser encerrado se encajaba en las características de un humano del sexo masculino. La energía altamente fetichista que desprende el ser del río amazónico, tanto para los personajes de la película como para los espectadores, pone de relieve cuán deliciosa es la transgresión del moralismo en la ficción. Nótese la amplitud del discurso de aceptación de las diferencias, poniendo en el punto de mira la sexualidad: si bien Elisa y Asset forman una pareja «heterosexual», las posibilidades de acercamiento a las convenciones culturales acaban ahí.

Tediosa es la relación de Strickland con su esposa, a quien le tapa la boca para que no gima durante el acto sexual. En cuanto a Elisa y Asset, hay algo que escapa a la interpretación genital simplista del coito, y es en este punto en el que me centro para avanzar en el análisis. Más allá de los mitos ictiofálicos griegos y amazónicos representados por delfines —animales que seducían a muchachas ribereñas y las embarazaban, dejándolas desvirgadas a su suerte—, *La forma del agua* reverbera que hay algo en Asset que no es del orden falocéntrico. Tampoco tiene la criatura de Del Toro un nombre ni una especie definida, asemejándose, en este aspecto, a cientos de otros seres menoscabados e innominados.

En la ciencia ficción son habituales los títulos muy vagos, como *Vinieron del Espacio* (Jack Arnold, 1953), *La humanidad en peligro* (Gordon Douglas, 1954), *Surgió del fondo del mar* (Robert Gordon, 1955), *Conquistaron el mundo* (Roger Corman, 1956), *El monstruo que desafió al mundo* (Arnold Leven, 1957), *Monster from Green Hell* (Kenneth G. Crane, 1957), *El terror del más allá* (Edward L. Cahn, 1958), *¡Estoy vivo!* (Larry Cohen, 1974), *Sigue vivo* (Larry Cohen, 1978), *La invasión de las abejas* (Lee H. Katzin, 1978), *La cosa* (John Carpenter, 1982), *La cosa del pantano* (Wes Craven, 1982), *It-Eso* (Tommy Lee Wallace, 1990), *Ellos* (Robert Harmon, 2002), *La cosa* (Matthijs van Heijningen Jr., 2011) e *It* (Andy Muschietti, 2017).[51]

A diferencia de los horrendos monstruos a los que dio vida el *gore* —a modo de ilustración, cabe destacar la estética *splatterpunk* de *28 semanas* después (Juan Carlos Fresnadillo, 2007)—,[52] Asset, o la criatura como también le llaman, nos provoca la nostalgia de la convivencia con un eslabón perdido. Después de todo, el hombre-anfibio fue sacado de uno de los ríos de América del Sur —y esta es la información más importante sobre él que se nos facilita en la película—. Puede ser que Asset ocupase el lugar de un antiguo dios o de un tótem para alguna tribu amazónica, y la elección geográfica no fue casual: esta vasta región sudamericana es cada vez más revisitada por teorías antropológicas y comunicacionales. En lugar de pueblos rudimentarios dispersos en pequeños grupos, es sabido que, mucho antes de la llegada de los europeos, el subcontinente amazónico estaba poblado por alrededor de diez millones de individuos que fueron capaces de manejar la selva sin provocar grandes deterioros.

El film *La mujer y el monstruo* —del que tanto se apasionó Del Toro cuando era niño y que dejó al director algo frustrado por el hecho de que «la bella y la bestia» no hubieran terminado juntos— solo se rodó gracias a la sugerencia de un director brasileño que conoció al productor William Allanda en casa de Orson Welles y le había hablado de un amigo que había desaparecido en la selva mientras grababa un documental sobre los piratapuyo, un poblado de hombres pez. En la película de 1954, el monstruo sería el último superviviente de supuestos humanoides anfibios del Devónico.

Tanto dicho monstruo de la Laguna Negra como el del río incógnito de la película de Del Toro se corresponden en el sentido de formar una frontera muy tenue entre lo humano y lo no humano, lo civilizado y lo bárbaro y, más aún, se sitúan entre una cultura dominante y una idílica paz en tierras invadidas, reforzando dualismos que nutren, desde hace siglos, nuestra filosofía. Se puede localizar, en el cine de la década de 1950, una «desfamiliarización de la geografía doméstica»,[53] cuando en las películas de terror, ciencia ficción y aventuras proliferaban las localizaciones exóticas, pero, en aquella época, no de forma alegórica y ahistórica, como sucedía en producciones de dos décadas antes. Justo a mediados del siglo pasado surgieron en las grandes pantallas de los autocines nuevos espacios planetarios en los que Estados Unidos afirmaba su influencia económica y cultural. Se abría paso la época de las aventuras por el continente americano bajo el trópico de Cáncer, especialmente en la misteriosa cuenca del Amazonas y sus afluentes (*Cuando ruge la marabunta,* Byron Haskin, 1954) y en México (*El escorpión negro,* Edward Ludwig, 1957), pero también apuntando a Asia (*La mujer serpiente,* Francis D. Lyon, 1955) y a las regiones polares —*El enigma de otro mundo* (Christian Nyby, 1951), *El monstruo de los tiempos remotos* (Eugène Lourié, 1953), *El monstruo alado* (Nathan Juran, 1957) y *El submarino atómico* (Spencer Gordon Bennet, 1959)—, todas ellas geografías de interés para el tablero de ajedrez de la Guerra Fría.

Además, Elisa y su amante semiacuático de *La forma del agua* nos llevan de paseo por otras cinematografías, en las que la migración o la reasignación de géneros están presentes. Por ejemplo, en el *thriller* catalán *Palabras encadenadas* (Laura Mañá, 2003) se ponen de relieve las relaciones y choques entre géneros y cuestiones en torno al deseo de las mujeres, lo que también ocurre en *La piel que habito* (Pedro

Almodóvar, 2011), donde un cirujano plástico desarrolla una piel transgénero e impermeable para modificar el cuerpo de un hombre, que acaba manteniendo cautivo. Esta última obra, a su vez, alude a *Los ojos sin rostro* (Georges Franju, 1960), en la que un cirujano intenta remodelar el rostro de su hija accidentada utilizando donantes vivas, y también a la película española *Gritos en la noche* (Jesús Franco, 1962), inspirada en el film de Franju. En la obra de Jess Franco, un médico loco también intenta reparar la cara desfigurada de su hija utilizando la piel de otras mujeres; el personaje se inspiró en la novela de 1924 *Los bandidos ciegos de Londres*, del escritor de novelas policiacas y de misterio Edgar Wallace.

En términos más generales, *La forma del agua* también nos hace sumergirnos en la cinematografía fantástica española. Aunque no está ambientada en España, esta película acaba formando una tríada (pero no una trilogía) con *El espinazo del diablo* y *El laberinto del fauno*. Son tres producciones de fuerte sabor poético que rinden homenaje a monstruosidades fuertemente iberoamericanas, incluyendo un tipo de fábula muy presente en las producciones artísticas latinoamericanas y que mezcla lo extraordinario y lo común a la orden del día. Cada una de estas tres películas hace referencia a filones específicos, como los éxitos de taquilla, el cine B, el gótico inglés y español y las leyendas que la Península Ibérica y el Nuevo Mundo no dejaron caer en el olvido. En este contexto, vale la pena remontarse a principios del siglo pasado, cuando la tecnología cinematográfica, prima —aunque ilegítima— de los experimentos espiritualistas, conoció las *féeries* de *El espectro rojo* (1907), *La casa embrujada* (1908), *Excursión a la Luna* (1908) y *Metamorfosis* (1912), entre muchas otras películas que Segundo de Chomón produjo de 1902 a 1927.

Motivos del cine fantástico español

Hay una España profunda que alimenta imaginaciones artísticas. Es la misma que lleva consigo los colores y rasgos góticos del Romanticismo tardío. Está presente en la obra francófila del autor polaco Jan Potocki, *El manuscrito encontrado en Zaragoza*, escrita entre 1796 y 1810, y adaptada al cine en 1965 por un director conterráneo, Wojciech Jerzy Has. Ambas son obras de arte muy representativas del fantástico ibérico. Del mismo modo, esta España de hechizos y demonios con sabores medievales aparece recogida en *Cuentos de la Alhambra*, de Washington Irving, libro en el que se encuentran relatos y cuentos del autor estadounidense de sus vacaciones en Granada en 1829. Evoco también las famosas leyendas contadas por el andaluz Gustavo Adolfo Bécquer, considerado por muchos el Edgar Allan Poe español, pero lamentablemente olvidado por la cinematografía de su país. Se encuentran pocas referencias a él en la ficción audiovisual, entre ellas *El huésped de las tinieblas* (Antonio del Amo, 1948), una especie de biografía del escritor, *La cruz del diablo* (John Gilling, 1975, con guion de Paul Naschy), *El bosque animado* (José Luis Cuerda, 1987) y *El apóstol* (animación de 2012 del gallego Fernando Cortizo), esta última haciendo referencia a la leyenda gallega de Santa Compaña.[54] En televisión, el autor fue homenajeado con el capítulo *El rayo de luna* (30 de diciembre de 1968) para la programación de *Novela* (TVE), *La promesa* (Josefina Molina, 3 de diciembre de 1974) y *Maese Pérez, el organista* (Antonio Chic, 2 de enero de 1976), parte del programa *Cuentos y Leyendas*, también de TVE. A diferencia de los otros autores que menciono, la obra *potockiana* está cargada de lo maravilloso para, unos pasos adelante, mostrarnos lo capaces que somos de ser engañados. Cervantes también sabía hacerlo con mucho talento, validando *avant la lettre* la máxima Goya de que el sueño de la razón produce monstruos.

El cine fantástico español, inicialmente tímido y marcado por la censura, tuvo notables representantes en películas como *Noche fantástica* (Luis Marquina, 1943), *La casa de la lluvia* (Antonio Román, 1943), *El huésped de las tinieblas* (Antonio del Amo, 1948) y *Cuentos de la Alhambra* (Florián

Rey, 1950). En las décadas de 1960 y 1970, la cinematografía española cobró mayor protagonismo con obras que solían recorrer la senda de los bajos presupuestos y de las producciones intensas con vistas a alimentar un nuevo nicho expresivo en el mercado, explorando temas como la violencia y la *sexploitation*.

Se suele decir que la formación del cine fantástico español se produjo entre 1961 y 1967, polarizada principalmente por el director Jesús Franco. Hasta entonces, varias películas seguían el camino de las producciones góticas y cíclicas al estilo de la inglesa Hammer y la estadounidense Universal, aunque se desarrollase la representación de personajes propios, como el famoso hombre lobo Waldemar Daninsky y el cirujano loco Dr. Orloff. Se puede afirmar que este cine irá ganando terreno tras la época franquista, llegando a reunir las fobias de un pueblo marcado por un régimen totalitario durante décadas. Así, germinaron formas vampíricas, licantrópicas y fantasmagóricas, que ganaron visibilidad también fuera del país. Paralelamente a las películas estadounidenses, se formó un euroterror basado en una «monstruocultura» influenciada por el culto a los monstruos de la Universal de los años 1930. Para Iván Gómez García,[55] parte de la mitología pseudoespañola (como los caballeros templarios errantes del director Amando de Ossorio) se mezcla con médicos locos, zombis, hombres lobo y también con Frankenstein.

En su origen más remoto, el cine fantástico español nació oficialmente de la mano del director aragonés Segundo de Chomón (*El hotel eléctrico*, 1905), quien, sin embargo, tuvo que irse a Francia para poner en práctica su arte, cuya inventiva fue comparada con la de Georges Méliès. El primer largometraje de terror del país, sin embargo, fue *El otro* (Joan Maria Codina, Eduardo Zamacois, 1919, de 127 minutos), en el que el espíritu de un médico perturba a su esposa y al amante. Cabe mencionar, como representantes dispersos de un fantástico reprimido, obras como *Fue una pesadilla* (Miguel Ballesteros, 1925), *Más allá de la muerte* (Benito Perojo,

1924) y *Una de miedo* (Eduardo García Maroto, 1935). Este género en España estuvo tan censurado y privado de recursos económicos debido a la Guerra Civil y a la dictadura que muchas veces fue necesario rodar en Portugal. Los síntomas culturales del siglo XX español no solo repercutieron en la industria cinematográfica, sino que también quedaron plasmados en ella.

En general, España tiene tres momentos principales en su cine fantástico: el primero, bastante prolífico, se inició en la década de 1960 y se prolongó hasta principios de la década de 1980; el segundo, decadente y más reflexivo, continuó hasta principios de este siglo; y el tercero es la época contemporánea, marcado por un creciente gusto entre los españoles por el género, revitalizado por las nuevas generaciones de directores.

En la década de 1960, surgió el término *fantaterror* para referirse a una forma de expresión cinematográfica propia del país, cuya obra inaugural fue *Gritos en la noche* (1962), de Jesús Franco. Otros directores se sumaron a este subgénero, como Carlos Aured, León Klimovsky, Amando de Ossorio, Enrique López Eguiluz y Jacinto Molina. Este último, con el seudónimo de Paul Naschy, también interpretó al famoso hombre lobo en *La marca del hombre lobo*, dirigida por Eguiluz, y de *La noche de Walpurgis* (León Klimovsky, 1971) y sus secuelas, aunque *La torre de los siete jorobados* (Edgar Neville, 1944) sea considerada una obra precursora. Amando de Ossorio fue el responsable de los zombis (como los de *La noche del terror ciego*, de 1972, y *El ataque de los muertos sin ojos*, de 1973), que presentaban, dentro de las posibilidades de la dictadura, una estética rayando lo gótico y sedienta de erotismo. *La noche del terror ciego* se inspiró en *La noche de los muertos vivientes* (George Romero, 1968) y en un cuento de Gustavo Adolfo Bécquer, *El monte de las ánimas*, de 1862: la trama trata sobre un grupo de personas que se topan con una antigua maldición en una ciudad medieval abandonada. *La noche del terror ciego* es la primera película de la tetralogía de los «Templarios Ciegos», que también incluye *El ataque de los muertos sin ojos* (1973), *El buque maldito* (1974) y *La noche de las gaviotas* (1975).

Para Reyes (2017), el fantaterror «es un término útil, no solo por las limitaciones genéricas que pueda imponer, sino porque apunta hacia ciertas similitudes industriales, cinematográficas y presupuestarias que las películas de terror tenían durante este periodo».[56]

Con el declive del franquismo y el inicio de la Transición (décadas de 1960-1970), el cine de terror resurgió en España con calidad temática y formal —buen ejemplo de ello son *La marca del hombre lobo* (Enrique Eguiluz, 1968) y *Al otro lado del espejo* (Jesús Franco, 1973)—. Eguiluz llevó a la gran pantalla a un licántropo ibérico que ayudó a impulsar el fantaterror.

Durante unos diez años, Profilmes, fundada en 1965 en Barcelona, fue considerada la Hammer de España, habiendo contado con la colaboración de los cineastas y productores Ricardo Muñoz Suay y José Antonio Pérez Giner. La productora creó vampiros, fantasmas, hombres lobo y otros monstruos que, sin embargo, perdieron fuelle en la década de 1980, cuando el cine de terror español decayó, y no se retomó con vigor hasta el cambio de siglo, adoptando, no obstante, la americanización en varias de sus obras.

De la extinta productora de Cataluña salieron películas que exteriorizaban los miedos vinculados al franquismo y, no por casualidad, fue en dicha comunidad autónoma tan reprimida las décadas anteriores donde el género llegó a cuajar, como lo hizo *La maldición de la bestia* (Miquel Iglesias, 1975), otro hombre lobo moderno de la Península que aparecía como una criatura feroz, negándose a obedecer a sus dueños en busca de una libertad salvaje. En otras películas, como *La rebelión de las muertas* (León Klimovsky, 1973), la entrada —incómoda para la época— de las mujeres españolas al mercado laboral era representado por un grupo de mujeres afectadas por la magia. Durante este periodo, Jesús

Franco se destaca como el máximo representante del terror erótico, con una colección de más de doscientas películas de serie B que pueden entenderse como los cimientos del terror cinematográfico en España, como la citada *Gritos en la noche*, pero también *Necronomicón* (1968), *Drácula contra Frankenstein* (1972) y *La mansión de los muertos vivientes* (1982).

Si trazáramos una línea desde 1961 hasta nuestros días, el cine fantástico español tendría, a mi entender, tres motivos principales, en cierto modo interconectados: 1) el antiautoritarismo; 2) infancia a la deriva o solitaria; 3) la violencia erotizada. Los vértices de esta tríada pueden subcategorizarse, de modo que, por antiautoritarismo, se entiende no solo el enfrentamiento del régimen fascista y sus consecuencias en la cultura española (como el machismo y la heteronormatividad como regla), sino también la figura patriarcal (tanto soberana como familiar) de carácter perverso, sádico, psicópata y, a menudo, repetidora de una especie de maldición (como ocurre en las películas en las que un médico chiflado continúa las atrocidades dentro de un mismo linaje). El resumen de este panorama en el cine sería la evocación nacional de un padre monstruoso, franquista, metaforizado en el Dr. Orloff, pero no solo; se desplegó en el patriarcalismo católico —y el ejemplo más destacado son los zombis ciegos de Ossorio— y en aterradoras figuras paternas que no descansarían en sus tumbas (*El espanto surge de la tumba,* 1973, y *Latidos de pánico,* 1983, ambas con guion de Paul Naschy). Otras tres películas más contemporáneas ilustran este tema en el aspecto del catolicismo: *La Monja* (Luis de la Madrid, 2005), *[·REC]* 2 (Jaume Balagueró, Paco Plaza, 2009) y *Tin & Tina* (Rubin Stein, 2023). Lo opuesto al padre monstruoso, sin embargo, acaba siendo el monstruo paternal, como se ve en *La forma del agua,* cuando Asset cura, protege y ataca para defender al oprimido, y dicha equivalencia se advierte en muchas películas de influencia española.

Se puede asumir que los tres motivos del cine fantástico español que explicito en esta obra son capaces de representar síntomas culturales que repiten la dificultad de vislumbrar un más allá del falo: una metáfora paterna presente —pero violenta y coercitiva— insiste en no reconocer al monstruo, a la mujer y al niño, y especialmente dentro de la Península Ibérica. Y una consecuencia de la ojeriza hacia figuras familiares opresoras es la creación de monstruos que se ganan la simpatía del público, como el niño Tomás de *El Orfanato* y el hombre lobo Waldemar Daninsky.

La sátira al autoritarismo también se puede ver en *Acción mutante* (Álex de la Iglesia, 1993), un film de ciencia ficción cómica de estética ciberpunk ligado a películas como *Mad Max. Salvajes de autopista* (George Miller, 1979), producida por El Deseo, de Pedro Almodóvar. En este primer largometraje de Álex de la Iglesia, una banda terrorista de seres extraños y mutantes lucha contra humanos ricos y guapos, haciendo alusiones a temas españoles de la época y dialogando con películas groseras, como *Mal gusto* (Peter Jackson, 1987) y *Body Melt* (Philip Brophy, 1993). En *Acción mutante* se puede observar la presencia de modificaciones corporales a través de la tecnología en la composición de los personajes. Hasta entonces, la ciencia ficción no había tenido demasiada relevancia en el cine español: quizá no se hayan creado más de una docena de películas de este género hasta 1993.

El cine fantástico español de este siglo está muy bien representado por nuevos directores que se sumaron a las generaciones anteriores: aparte de las películas que ya he mencionado, me gustaría citar obras como *Intacto* (Juan Carlos Fresnadillo, 2001), que aborda el tema de la fotografía capaz de robar el alma del fotografiado; *Darkness* (Jaume Balagueró, 2002); *Romasanta, la caza de la bestia* (Paco Plaza, 2004); *Frágiles* (Jaume Balagueró, 2005), con la presencia de fantasmas vengativos; *El habitante incierto* (Guillem Morales, 2004), obra elogiada como kafkiana, polanskiana y hitchcockiana al mismo tiempo; *Hierro* (Gabe Ibáñez, 2009), sobre la maternidad; *La posesión de Emma Evans* (Manuel Carballo, 2010); *Eva* (Kike Maíllo, 2011), insólita obra de ciencia ficción para la cinematografía española; *Lobos de Arga* (Juan Martínez Moreno, 2011), otra película sobre un hombre lobo que rinde homenaje al famoso Waldemar Daninsky, de Paul Naschy; *Mientras duermes* (Jaume Balagueró, 2011); *La piel que habito* (Pedro Almodóvar, 2011), *El bosque* (Óscar Aibar, 2012); *Las brujas de Zugarramurdi* (Álex de la Iglesia, 2013); *La hermandad* (Julio Martí Zahonero, 2013); *Mindscape* (Jorge Dorado, 2013); *Los últimos días* (Àlex Pastor y David Pastor, 2013); *Autómata* (Gabe Ibáñez, 2014); *Musarañas* (Juan Fernando Andrés y Esteban Roel, 2014); *Sueñan los androides* (Ion de Sosa, 2014); *Extinction* (Miguel Ángel Vivas, 2015); *Regresión* (Alejandro Amenábar, 2015); *Segundo origen* (Carles Porta, 2015); *Sweet home* (Rafa Martínez, 2015); *Errementari: el herrero y el diablo* (Paul Urkijo, 2017). Los títulos a los que acabo de referirme refuerzan cómo el cine fantástico español logró pasar de ser un género maldito y no reconocido a ganar prominencia mundial,[57] y la última película mencionada es la que procedo a analizar en el siguiente capítulo.

6

La crisis de lo humano en *Errementari: el herrero y el diablo*

En este capítulo propongo una reflexión de origen semiótico-psicoanalítico e histórico sobre el diablo vasco a través de su representación en la película *Errementari: el herrero y el diablo* (Paul Urkijo, 2017), deudora del imaginario popular del siglo XIX. A partir de este puente temporal de más de un siglo, sostengo que las formas monstruosas pueden, por un lado, permanecer y, por otro, sufrir mutaciones que plasman el malestar cultural. En este sentido, para mí, el monstruo diabólico incorpora haces y nódulos sintomáticos capaces de indicar nuevas formas de goce, en el sentido lacaniano del término, y que se manifiestan en el campo audiovisual.[1]

El tema en cuestión me interesa desde hace años. Durante mi investigación doctoral inicié un largo camino que me permitió establecer parámetros para estudiar el monstruo en la tradición cinematográfica, pasando por representaciones en bestiarios y figuras góticas, hasta llegar a las películas.[2] Si bien continuamente se abren nuevos capítulos sobre el vasto universo de los monstruos en la historia humana, la Edad Media, sin lugar a dudas, es uno de los momentos más llamativos y de mayor repercusión temática. En algunos capítulos de *Todos los monstruos de la Tierra*,[3] abordé la presencia monstruosa en el pensamiento medieval. También creé temas que me parecieron pertinentes, especialmente considerando el punto de vista de alguien que lo mira desde una cultura también marcada por una fuerte tradición luso-española, como es el caso de la brasileña. Destaqué las representaciones fantásticas del cristianismo, con sus repercusiones en bestiarios y compendios de pseudozoología o criptozoología, y su mezcla con el paganismo autóctono.

Hay que decir que el cine español vive un buen momento en lo que a lo fantástico se refiere. Desde finales del siglo pasado, la cantidad de producciones viene aumentando en cantidad y calidad, llegando a unas cifras cada vez más altas de espectadores. Al mismo tiempo, hay producciones que, desde siempre, abordan temáticas muy apreciadas para dicho país, como el mencionado desamparo infantil ante experiencias traumáticas, pero también la guerra carlista, la Guerra Civil y el franquismo. La primera temática —vinculada a la infancia— y las demás, que se pueden resumir en un deseo de denunciar y enfrentar el autoritarismo y el totalitarismo, también están presentes en *Errementari*, que tiene su origen en un cuento del folclore vasco. Junto con otras producciones, esta representa cuánto el mundo audiovisual ha prestado atención a la literatura fantástica del siglo XIX, la cual, de ser un arte marginado, ha pasado a granjearse cada vez más respaldo académico.

En el País Vasco, «El herrero y el diablo» es un cuento popular con múltiples versiones, algunas más sucintas y otras más complejas, que ha sido objeto de diferentes adaptaciones literarias y audiovisuales. En el caso concreto de la película de Paul Urkijo, la inspiración partió del cuento «Patxi Errementaria», rescatado por José Miguel de Barandiaran, un sacerdote antropólogo que dedicó su vida a registrar leyendas regionales. Para quienes conocen bien la herencia iberoamericana, este cuento recoge varios elementos que identifican una determinada tradición proveniente de la oralidad y que refleja formas bajomedievales de entender el mundo. En estas relaciones intersemióticas cito, como ejemplo, el cuento *A Dama Pé de Cabra*, originario del siglo XI y recontado en el siglo XIX por el autor portugués Alejandro Herculano en el segundo tomo de la obra *Lendas e narrativas*.[4] En él, una bella y solitaria mujer de aspecto moruno seduce a un hidalgo, sin dejar que este advierta de inmediato los aspectos demoníacos de la figura con la que posteriormente se casaría.[5]

Por toda América Latina de influencia católica e ibérica, quedan recopilaciones muy ricas de historias sobre un diablo *trickster* y sus artimañas para engañar a los humanos. En estas narraciones siempre hay juegos de astucia para, al final, ver quién era el más pícaro. Por ejemplo, en las tradiciones religiosas brasileñas de herencia africana, el *trickster* está presente en mitos y leyendas en torno a los orishas que, en lugar de ser buenos como los ángeles o perversos como Satanás, unas veces se muestran serviciales y otras enojados. Los colonizadores portugueses y españoles no entendieron esta dicotomía presente en la ambigua expresión de una ética distinta a la cristiana y, por ello, demonizaron a la mayoría de dioses y entidades africanos o indígenas bajo la égida de la evangelización de los paganos. Detrás de un enorme esfuerzo por domesticar el estar-en-el-mundo de los demás, había un deseo de empequeñecer y degradar a las comunidades indígenas y de *quilombolas* (descendientes de africanos esclavizados que se refugiaron en centros de resistencia denominados *quilombos*), asociando sus religiones a las marcas de lo satánico. Casi como si se tratara de una cruzada itinerante y multifocal, se perpetraron genocidios culturales que hasta hoy dejan sus huellas en el imaginario de los países que se encuentran por debajo el trópico de Cáncer. Y se puede decir que el diablo americano, como en la Península Ibérica, fue uno de los seres que siempre reaparecía: se travestía, se disfrazaba, se desperdigaba en chistes e historietas, y siguió su camino como producto de las fábulas culturales tanto a uno como al otro lado del Atlántico. No se trata solo de hábitos y fenómenos lingüísticos, sino, sobre todo, de las formas en que los individuos y las comunidades entienden el mundo mediante leyendas, relatos y supersticiones, consecuencia también de los largos siglos de imposición e implantación del cristianismo católico, originando y contribuyendo a la producción de un variado imaginario que mezcla el temor a

Dios y al diablo con la siempre muy cercana compañía de la muerte, los ángeles y las almas en pena.

Este puente cultural es pertinente, puesto que, al analizar *Errementari,* se observa que el demonio Sartael, personaje destacado de la película, contiene elementos en la construcción de sus representaciones visuales que se manifiestan en pueblos afines y, por tanto, en sus respectivas cinematografías. Mi punto de vista semiótico, específicamente respecto a este análisis fílmico, se apoya en la semiótica de la cultura de Yuri Lotman, que buscó estudiar la interacción entre los sistemas semióticos y su no uniformidad interna, así como la necesidad del poliglotismo cultural,[6] autor comentado por el investigador Mirko Lampis, que refuerza el famoso concepto de semiosfera como un dominio heterogéneo y cerrado de todos los fenómenos semióticos que conciernen a la experiencia humana.[7]

De conformidad tanto con Lotman como con Lampis, me interesa comentar algo que estaría ligado a las múltiples redes y subredes interconectadas en un sistema cultural y, para ello, tomé como punto de partida la película española mencionada. A esto se le suma mi deseo de señalar, en este intrincado sistema de producciones sígnicas, los reflejos de la crisis de la condición humana, que, para mí, irrumpen en forma de síntomas culturales, en una proposición lacaniana. Al pensar en un síntoma, en el ámbito de los productos mediáticos, hay que considerar lo que se repite y no cesa de ser mostrado (o, en este caso, grabado), es decir, lo que está impregnado de represión y que, de tan ignorado que es, se expone en círculos sintomatológicos que los críticos de cine suelen entender como «tendencias» o «temáticas». El malestar civilizacional siempre se expresa como síntomas que nos piden interpretación.

Y de ahí es donde llego a mi cuestionamiento clave desde hace años: ¿hasta qué punto una forma monstruosa se vuelve ilustrativa de una determinada sintomatología? Estamos, por tanto, en el plano de la alteridad: los monstruos también son nuestros otros. Ellos, a su vez, no obedecen a fronteras y su contención geográfica es una mera forma de «domesticarlos». En efecto, la creación de monstruos repercute en varias culturas y, desde este punto de vista, las llamadas identidades culturales pueden ser un concepto forzado que presupone una tensión entre el yo y los otros, una especie de rechazo narcisista basado en ideas de pureza y exclusividad y, a menudo, una afrenta a la polisemia de lecturas y a la interdependencia de los fenómenos semióticos.

Si un monstruo respondiera, ¿qué nos diría, parodiando a Jacques Derrida (2008), cuando discurría sobre el lenguaje animal? Al igual que el gato que observaba al filósofo francés en su desnudez, podemos metaforizar que todo monstruo es un espectador de nuestra condición. No es coincidencia que buena parte de las monstruosidades implica la mirada, una especie de borde de la pulsión escópica. Sartael, el demonio enjaulado del film de Paul Urkijo, atrae primero a los humanos cuando estos lo miran perplejos, casi sin creer lo que ven. Acto seguido, se acercan a él para, solo entonces, conversar entre sí. La pulsión escópica guía este descubrimiento, tal como ocurre con la terrible madre del ogro Gréndel, de *Beowulf*; o, incluso, con Medusa y su directa y mortífera mirada; y también con Polifemo, el cíclope devorador.

Según Umberto Eco, la proporción y la armonía —dentro de los cánones clásicos— predicen una imagen bella. Según el autor, en la Edad Media, Jaime de Vitry hacía un elogio a la Belleza presente en las creaciones divinas, y decía que «Probablemente los cíclopes, que tienen un solo ojo, se sorprenden de los que tienen dos, como nosotros nos maravillamos de ellos y de aquellas criaturas con tres ojos».[8] El mismo autor también nos informa sobre los monstruos que proliferaban en las representaciones artísticas medievales como capaces de despertar sentimientos contradictorios en el observador:

> Y de este modo los monstruos, amados y temidos, observados con precaución pero al mismo tiempo admitidos libremente, penetran con toda la fascinación

> de lo horrendo en la literatura y en la pintura, cada vez más, desde las descripciones infernales de Dante a los cuadros más tardíos del Bosco. Tan solo unos siglos más tarde, en la decadente atmósfera romántica, se reconocen sin hipocresías la belleza del diablo y la fascinación por lo horrendo.[9]

Si tuviéramos que crear un compendio sobre las monstruosidades de la Edad Media en la Península Ibérica o de lo que yo llamo el período bajomedieval en las Américas —incluso proponiendo enumeraciones e intentos de crear una taxonomía para las criaturas fantásticas—, seguramente las diversas representaciones del diablo estarían presentes de forma bastante destacada. Sin embargo, como ya han recalcado varios estudiosos, incluido el investigador Claude Kappler (1986), «no existe una definición de monstruo, sino diversos intentos de definición, que varían según los autores y, sobre todo, según las épocas».[10] Un compendio de ese calibre sería muy difícil de concluir debido a la condición híbrida y cambiante de los monstruos en los distintos periodos de la Historia.

El diablo y el deseo

Por ejemplo, la forma diabólica *trickster* de *Errementari* es sintomática de cuánto necesitamos humanizar a nuestros monstruos para hacer frente a los trances de la civilización. Así, muchas de las monstruosidades que se asoman hoy a través del cine son demasiado humanas, utilizando la famosa expresión de Nietzsche (2001) cuando hizo su crítica de la moral. Los monstruos buscan traer una nueva concepción de hombre, oponiéndose a la idea de un ser racional que tendría pleno control de sí mismo al dominar las causas y procesos que definirían su conducta. En este sentido, las figuras diabólicas iberoamericanas pueden asestar un golpe más a las heridas narcisistas humanas.

Partiendo del burlesco Sartael de *Errementari*, vuelvo a una película brasileña que se convirtió en miniserie de televisión debido a su rotundo éxito en su momento: *El auto de la Compadecida* (Guel Arraes, 2000), basada en la obra homónima de Ariano Suassuna, escritor brasileño que trabajó con matrices iberoamericanas con sabor *sertanejo*, es decir, de las regiones del interior que preservan las culturas más arcaicas en Brasil. Hay muchas referencias medievales en aquella narrativa rocambolesca, que también dialoga mucho con el teatro portugués de Gil Vicente. En una de las escenas de la película, diferentes tipos de pecadores hacen fila para que sus almas sean juzgadas por Jesucristo. Este, por su parte, será interpelado en todo momento por el Diablo, quien hará las veces de charlatán acusador. Finalmente, cuando todo parece perdido para los personajes humanos, aparece la madre de Jesús, Compadecida, quien interviene por los que estaban a punto de ser arrojados al fuego del infierno.

Esta confluencia de referencias me vino inmediatamente cuando vi *Errementari*. La película de Paul Urkijo también contiene una escena en la que los condenados al infierno están semidesnudos, caminando lentamente en una enorme fila, esperando atravesar la horrible puerta les dará el acceso eterno al reino infernal. Tampoco son merecedores de juicio, ya que cometieron pecados mortales, y varios aceptan masoquistamente el destino que se les asigna. Junto a la muchedumbre, cerciorándose de que nadie escape, varios demonios, con conformaciones físicas que retratan muy bien figuras medievales, sostienen sus látigos y tridentes amenazantes.

En las gárgolas y en los grutescos de las catedrales europeas, en los bestiarios y en los libros sobre monstruos de la Edad Media y Moderna, pueden encontrarse estos seres abyectos, cuyos cuerpos están formados por partes de insectos, reptiles, anfibios, murciélagos y cabras. En la jerarquía medieval, serían simplemente representantes del poderoso Diablo. Sin embargo, al manifestarse en el mundo de los vivos, cada uno de ellos era considerado el mismísimo señor de las tinieblas. Al final, no eran más que lacayos que incluso podrían ganarse un castigo si sus misiones de robar almas fracasaban. Y este fue el caso del sufrido Sartael, a quien, en la tradición demonológica, se le consideraba el encargado de encontrar cosas escondidas.

La trama de *Errementari*, contada en euskera antiguo, se sitúa a finales de la primera guerra carlista, en el siglo XIX, cuando se vivía un gran conflicto entre razón y tradición en el País Vasco. Esta guerra civil se desarrolló entre 1833 y 1840 entre los llamados carlistas —partidarios del infante Carlos María Isidro de Borbón y de una propuesta de régimen absolutista— y los isabelinos o cristinos, defensores de Isabel II y de la regente María Cristina de Borbón, cuyo gobierno era originalmente absolutista moderado y acabó convirtiéndose en liberal para obtener el apoyo popular. La película de Paul Urkijo, ambientada como un cuento gótico, expresa algo de lo que era, en el Romanticismo tardío español, la revisitación de temáticas de la Edad Media. La obra hace alusiones al *Infierno* de Dante, a la Biblia y a las figuras de El Bosco. Al principio, la película parece más lenta, pero luego coge ritmo a medida que ofrece al público los dramas de un demonio confinado: de embaucador y mentiroso, pasa a ser una víctima torturada por humanos, mereciendo incluso la piedad del espectador.

El personaje principal es el herrero Patxi, que vive aislado en su herrería en medio de un oscuro bosque. Las puertas y los muros que protegen sus dominios parecen infranqueables debido a los clavos y metales puntiagudos que ahuyentan a los intrusos. En las inmediaciones, ese hombre es considerado una persona monstruosa y diabólica, convirtiéndose en una leyenda temida en la comunidad local. Todos lo evitan, pues dicen que hasta el Diablo rechazó su alma. Dentro de su aterradora casa, mantiene a Sartael encerrado en una jaula; este, por otro lado, es una figura curiosa y se muestra cada vez más humano: a veces fanfarrón y mentiroso, a veces divertido y capaz de ayudar a los humanos, aunque sea con segundas intenciones.

La película construyó un demonio que, al principio, era pavoroso y blasfemo, pero, poco a poco, va conquistando la empatía del espectador. En medio de los dos elementos que impulsaron la trama —la intolerancia de la Iglesia católica y el descontento de los vascos con el Gobierno central español—, Sartael no rehúye de la tradición de los seres de las tinieblas que quieren hacer pactos con los hombres. Aun no siendo un demonio filosófico como el que se encuentra en la obra *Le diable amoureux*, de Jacques Cazotte, es portador de la misma pregunta fatal: «*che vuoi?* / ¿qué quieres?», es decir, «¿cuál es tu deseo?».

Al igual que el diablo enamorado de Cazotte, Sartael utiliza la segunda persona para hablar con quienes lo persiguen y se dejan seducir por su labia. Al preguntarle qué quiere la persona, entra en el ámbito del deseo, señalando la existencia de la falta imposible de suplir en un inquietante proceso de incertidumbres que termina por dejar al sujeto a la deriva. Podemos pensar que la figura de un demonio, por tanto, incita a la dimensión de la alteridad al provocar en nosotros el deseo. En Cazotte, estaba metamorfoseado en una espantosa cabeza de camello.[11] En *Errementari*, era un diablillo rojo con una cola puntiaguda y un tridente en las manos. Aunque la obra de Paul Urkijo tire de lo burlesco y lo grotesco en sus personajes, no se puede negar que Sartael intenta lanzar, a todo aquel que se le acerca, a las vías del deseo.

Existe una fascinación tanto del personaje femenino llamado Usue como de los subalternos de un investigador policial hacia la criatura. Cuando se cruzan con Sartael, encuentran a un ser que parece vulnerable, pero, al mismo tiempo, dotado de una increíble capacidad de seducción mediante el uso de las palabras. El psicoanálisis lacaniano nos enseña: el sujeto, al desear, se experimenta a sí mismo como Otro. Así, lo que cada uno le dice a Sartael que quiere, ya sean tesoros valiosos o una mujer amada, lo convierte en sujeto deseante y, por tanto, a la deriva. En el *Libro 7. La ética del psicoanálisis*, Jacques Lacan pregunta a sus oyentes: «¿Has actuado en conformidad con tu deseo?».[12] En la tradición psicoanalítica, Lacan recurrió al Diablo como figura simbólica para formalizar nuestra alienación fundamental frente a la ignorancia de nuestros propios deseos. En este ámbito, el hombre sería un condenado a casi siempre querer lo que no desea por sí mismo,[13] ya que el deseo del Otro se impone. De ahí proviene la angustia, que podría resumirse en la siguiente proposición: ¿qué quiere el Otro de mí?

Para Freud, el deseo era el motor de la actividad psíquica, vinculado a los signos de las primeras experiencias de satisfacción infantil. Lo que lo causaría, sin embargo, sería algo jamás presentificable, ya que el objeto causante del deseo se perdería irremediablemente de él y no quedarían más que huellas, vestigios e indicios. Sin embargo, en su movimiento de retroacción, el deseo tiene el poder de trazar el futuro a partir de vagos recuerdos hallados en las marcas que dejamos por el camino. Así, el deseo es capaz de delinear su propio camino sobre estas pistas, a semejanza del mecanismo de una cremallera o, incluso, de un ferrocarril de cremallera, que solo avanza cuando termina cada pequeño ciclo mecánico que le permite seguir su camino, entre repetitivos anclajes a dientes.

Se puede pensar que las marcas que traza el deseo, que apuntan al objeto perdido, siempre se reinvierten, y esto se aplica, por ejemplo, a las imágenes, que tienen fuerza mnemotécnica y perceptiva, aunque residan en el andamiaje del inconsciente. Los primeros estímulos del bebé que busca ser amamantado vienen dados por el llanto; luego, una vez nutrido, le llega la satisfacción. Desde entonces, el deseo no se confundirá con una necesidad, puesto que esta se dirige hacia un objeto concreto en busca de una satisfacción inmediata —el hambre, la sed, el sueño—. Tampoco será solo una demanda —aunque, la mayoría de las veces, deseo y demanda se confundan en la trayectoria humana—. La demanda en sí se remite al mundo de las palabras en la búsqueda de un amor que está en el más allá del objeto. El deseo sería aquello que permanecería irreductible a la demanda, no articulándose con palabras. Es incondicional y absoluto. Con lo cual, no puede ser reducido a la frugalidad ni a la banalidad de la voluntad.

En este sentido, todo análisis personal es una posibilidad de encuentro con nuestros deseos. En el último ensayo de Lacan, la satisfacción es lo que importa y, por tanto, es necesario diferenciar los deseos vinculados a ella y los que provienen de la falta y de la prohibición. No solo deseamos lo que el otro desea. Es más: es en el campo del Otro donde se organiza nuestro deseo. Hace falta, así pues, preguntarse si realmente se quiere lo que se desea. Esto solo se produce en el exilio que representa el extrañamiento que siente el sujeto en el proceso de análisis, cuando experimenta algo de lo éxtimo, pues, como ya decía Freud, ahí donde estaba el ello es donde debería advenir el yo. Sin embargo, los descubrimientos no vienen de «dentro», en contra de lo que se cree: son, más bien, la consecuencia de otro giro, *a second turn*, en el que, también desde el exterior, el sujeto se percibe, ajeno a la brújula de la curación o de la comprensión. Descubrir algo del propio deseo es la posibilidad de crear un cielo despejado en la geografía del sujeto.

Motivos del cine español en *Errementari*

En la película *Errementari*, Usue es una niña desamparada muy inteligente, traumatizada por la fatalidad del pasado materno y oprimida por todos aquellos que representan figuras patriarcales dominadoras y perversas. Como ya he comentado en este libro, el cine español evoca muchas veces a un padre monstruoso y perverso, metaforizado en varios personajes de terror de serie B, ramificado en el patriarcalismo católico y en terribles figuras paternales que no descansan en sus tumbas.

Como he explicado, la infancia, en el cine fantástico español, muchas veces se convierte en el receptáculo de un terror familiar que transforma a niños y niñas en sujetos reprimidos, aterrorizados, apenados, posesos o fantasmáticos. Aunque haya asesinos infantiles en las películas, esto se deriva de una victimización patológica y traumática causada por familiares o por la religión, independientemente de las buenas intenciones de los adultos. En este tema hay películas sobresalientes, como *Los otros* (Alejandro Amenábar, 2001), *Hierro* (Gabe Ibáñez, 2009), *El orfanato* (Juan Antonio Bayona, 2007), *El secreto de Marrowbone* (Sergio G. Sánchez, 2017) y *Tin & Tina* (Rubin Stein, 2023).

Si por un lado hay abandono y falta de atención por parte de los responsables hacia los niños, por otro puede haber la inminencia de la tragedia y la imperiosa necesidad de madurar, como en *Un monstruo viene a verme* (Juan Antonio Bayona, 2016). El cine fantástico español contemporáneo traduce, por tanto, el enfrentamiento entre lo antiguo y lo nuevo, entre una España vieja y una nueva, en forma de ligaduras sociales y familiares que revelan cómo dos tiempos y varias generaciones se interconectan con más fuerza de lo que se supone. Así, si el niño es el personaje oprimido por antonomasia de la cinematografía española (que también se constata en *Errementari*), la mujer, por su parte, ocupa un lugar especial, no solo por ser subyugada y cuestionada (*La piel que habito*, Pedro Almodóvar, 2011), sino al tener su sexualidad transformada en un objeto exclusivo de goce machista. En *Errementari*, el cuerpo de la mujer de Patxi, una mujer que nunca aparece en escena, es, en este sentido, monstrificado, demonizado y arrojado al infierno.

Se puede decir que estos motivos del cine fantástico español presentes en *Errementari* anuncian síntomas que repiten la dificultad de vislumbrar algo más allá del falo: la metáfora paterna está presente, pero de forma violenta y coercitiva, insistiendo en no reconocer al monstruo (ejemplificado por los demonios en la película), a la mujer y al niño —tres tipos históricamente apreciados por el imaginario cultural ibérico y muy representativos en la historia de las intolerancias sociales.

El diablo como paradigma

En la trama de la película, el herrero busca a su mujer, supuestamente relegada al infierno tras una muerte suicida. Es en torno a ella donde se entrelaza la historia, lo que involucrará hasta a las huestes infernales. En una perspectiva de demonización del mundo y de amenaza de pérdida del alma en el fuego eterno, la figura de la mujer destaca como objeto que recibe especial atención: a veces asociada a las brujas; otras, a las tentadoras y hermosas muchachas que desviaban a los hombres de sus tareas. El fabulario medieval en torno a lo femenino presentaba una mezcla que fusionaba elementos del judaísmo y el mahometanismo con la tradición cristiana, especialmente en los reinos ibéricos.

Según los planteamientos de Claude Kappler (1986), podemos resumir una cierta noción de monstruo en la Edad Media considerando, además de la ya mencionada imposibilidad de definir con precisión lo monstruoso, que todo lo que se indicaba que pertenecía al campo de las monstruosidades se relacionaba con cualquier cosa que escapara de la norma. Esta, lo sabemos bien, varía según los pueblos y las culturas. Existió, aún en la Edad Media, una corriente de pensamiento con sesgo aristotélico que trataba al monstruo como una «excepción» dentro del ámbito de las proporciones en las que habitualmente se manifestaban las criaturas, lo que, no por ello, iba en contra de las leyes de la naturaleza, según la comprensión de la época. Así, se puede decir que, desde Aristóteles hasta san Agustín, poco cambió la visión sobre los monstruos. Para este segundo filósofo —con su enfoque teológico y estético—, un monstruo nunca podría escapar del plan trazado por Dios. Por tanto, no comprender a un monstruo era consecuencia de una limitación perceptiva, ya que Dios no fallaría jamás; de manera similar, Aristóteles defendía que la naturaleza no tenía defectos.

Para el filósofo griego, el patrón formador —es decir, la llamada causa eficiente— pertenecía al hombre, mientras que lo que sufría la acción de la forma —la materia— quedaba del lado de la mujer. Según esta propuesta, la forma embarazaría a la materia y cualquier generación a partir de la materia que se desviara de lo esperado se consideraría monstruosa, pues suponía un rebasamiento de límites —o una disimilitud—, en más o en menos, de la naturaleza. Aristotélicamente, la creación misma de un ser femenino sería una desviación, ya que lo masculino siempre fue el modelo. En el sentido histórico, las mujeres eran consideradas desviadas, lo que, en opinión de Aristóteles, estaba justificado para la perpetuación de la especie. O sea, la mujer, aunque no fuera un «monstruo», era «un hombre imperfecto» y «estéril».

Kappler, en la obra citada, subrayó que se puede trazar una línea desde Aristóteles hasta Freud, en la que, reiteradamente, la mujer es presentada como un ser castrado por excelencia. De hecho, especialmente para el psicoanálisis lacaniano, *La mujer* no existiría. Esta máxima provocadora pretendía discutir que, en realidad, la mujer solo podía darse «una a una», y no en el plano de la universalización.

Ciertamente, está claro que las huellas y señales del monstruo de finales de la Edad Media permanecen aún hoy como formas que se reproducen y proliferan a través de procesos semióticos que pueden percibirse en películas y series. En el puente que tiendo entre Europa y América, la figura polarizadora de Cristóbal Colón nos instigó a pensar en una nueva tierra prometida, revigorizador y llena de vitalidad que, desde cierta perspectiva, sería el continente americano. Hasta el siglo XV, al menos, todo lo que podía describirse e ilustrarse en los códices se tenían como real: los animales y hazañas que hoy se consideran fantásticas integraban compendios en bestiarios y en libros de viajes ficticios o no ficticios. No importaba: cualquiera que hubiera viajado a otras tierras seguramente se habría topado con algún monstruo en el camino. Para dar fe de la veracidad de lo que contaban los aventureros bastaba una declaración que, en general, se consideraba un testimonio de buena fe. Como dice Claude Kappler,[14] el hombre medieval entendía al monstruo como una anomalía normal y deseada, puesto que sería una variación de sí mismo.

En la producción iberoamericana destaco no solo algunas cintas dirigidas y producidas por Álex de la Iglesia que coquetean con lo diabólico (*El día de la bestia*, 1995; *Las brujas de Zugarramurdi*, 2013; *Errementari*, 2017), sino también los monstruos de ciertas películas de Del Toro, como ya he comentado en este libro: el niño fantasma resentido de *El espinazo del diablo*, el fauno que ayuda a la muchacha en *El laberinto del fauno* y el delicado Asset, de *La forma del agua*, forman una tríada provocativa. Todos son fruto de la hibridación, como el desdichado diablo de Paul Urkijo, y esta es, históricamente, la marca más fuerte de lo monstruoso: ser híbrido, no estar ni allí ni aquí, pertenecer a la esfera de lo deslizante, de lo «entre». El diablo medieval fue un invento que utilizó elementos provenientes de seres naturales que causaban repudio y asco. A ello se debe la presencia de garras, alas de murciélago, escamas y cuernos que componen versiones mitad humanas mitad animales de los distintos tipos de demonios desde entonces.

En el caso del cine brasileño, las obras que aluden a formas monstruosas bajomedievales suelen confundirse a menudo con tramas que transcurren en el interior del Nordeste, una vasta región del país en la que perdura desde hace muchos siglos un imaginario estrechamente ligado al pensamiento ibérico. Aunque no sean necesariamente de producciones de terror, varias de ellas merecen ser mencionadas aquí por el amplio abanico de monstruosas referencias medievales que presentan, como la citada película *El auto de la Compadecida* (Guel Arraes, 2000), pero también *O homem que desafiou o Diabo* (Moacyr Góes, 2007), en la que un hombre se enfrenta a su mayor enemigo, Satanás; *Pequenas histórias* (Helvécio Ratton, 2007), e incluso obras más antiguas, como *A marvada carne* (André Klotzel, 1985), en la que el Diablo aparece a medianoche en una encrucijada para pactar con un hombre que quería comer carne, y *El delfín* (Walter Lima Jr., 1987), adaptando, en el contexto amazónico, el antiguo mito delfínico ictiofálico del seductor Apolo, que transitó por el imaginario medieval a través de libros y narrativas orales.

Hoy, el monstruo nos sirve tanto de paradigma como de guía para investigaciones de carácter tanatopolítico y semiótico-psicoanalítico. Nuestro malestar contemporáneo también tiene que ver con nuevas formas de control y gobernabilidad, y estas, en gran medida, involucran lo corporal —ya no solo el control y la vigilancia del cuerpo, sino también el exterminio de los cuerpos que la sociedad neoliberal, en su perversión, considera redundantes, es decir, innecesarios para la continuidad de su maquinaria productiva—, como los económicamente miserables, los muy obesos, las personas con discapacidades mentales, los ancianos, etc.

En términos lacanianos, se puede decir que muchas películas insisten en tratar sobre un cuerpo hablante que se modifica y se despliega a través de la tecnología, pero también a pesar de ella. *Errementari* refleja cómo aún le tenemos miedo al Otro y cómo este miedo refleja nuestro malestar mediante formas de expresión que no coinciden, al menos explícitamente, con las nuestras. Y, en este contexto, lo diabólico molesta porque exhibe las lagunas del deseo, mientras que el goce y el plus-de-goce —importante concepto creado por Jacques Lacan (2008b) en el *Libro 16. De un Otro al otro* en homología con la plusvalía marxista— guían a la sociedad capitalista neoliberal, volviéndola paranoica y xenófoba.

Apoyado en el discurso del amo, el plus-de-goce indica una pérdida, un goce no experimentado y excedente, que el sujeto es incapaz de nombrar. Por eso el Diablo es capaz de ser la metáfora del sujeto arrojado al torbellino de las demandas que continuamente se le hacen como posibles y engañosas formas de encontrar la felicidad, puesto que se reflejan en el deseo del Otro.

En este punto de vista, hubo una corriente estética que fue capaz de demostrar cuánto la lógica perversa de la Razón no se validaba ante los cambios del mundo y del cuerpo: se trata del gótico, homenajeado por el director de la película en cuestión. Fue este estilo el que proporcionó una revisitación a la Edad Media, cuando la ciencia positivista quería explicarlo todo. Con una expresión artística considerada inferior, sin grandes alardes, abrió el camino a la cultura de masas y a la propia ciencia ficción. El brillo de la creación gótica estaría precisamente en su vocación a la sombra. En este umbral de las transformaciones, sin embargo, reside el monstruo. Por eso, Sartael —con sus posibilidades de travestismo, de burla, de reencantamiento— embauca a los mortales. Él es quien confunde lo natural con lo sobrenatural, la cultura con la barbarie, lo real con lo irreal. Es un híbrido, un pícaro, una parodia de los excluidos. Redimensiona las posibilidades de comprensión de nuestra condición humana, en gran medida gracias a un cuerpo metamorfoseante.

Si Sartael, en su sino que lo obligó a vivir entre los humanos, pudiera contestar a cualquier pregunta de ellos, ¿qué les diría? Quizás declarase hasta su amor a quienes lo encadenaron, o incluso insistiera en permanecer entre la gente. No se trata de un monstruo que nos rechaza; al contrario: insiste en estar en nuestro medio, posiblemente impulsado por una enorme identificación.

¿Sería este diablo también una respuesta a la fragilidad humana, que busca saciar su propio deseo, siempre reflejado, no obstante, en ese Otro que nunca llega? Por eso, nuestra especie parece condenada a las trampas de ese laberinto o de ese bosque oscuro en el que se esconde un herrero que busca desesperadamente a la mujer que no supo desear. «El herrero y el diablo» no es solo un cuento vasco: es también la expresión de la encrucijada ontológica de la cual no hemos logrado escapar.

7
Elogio de los monstruos

Me siento honrado de saber que la alianza entre el psicoanálisis, la semiótica, el cine y la literatura[1] suscita interés. Después de todo, si por un lado el monstruo, mi querido objeto de investigación, es apreciado por niños y jóvenes y multiplicado hasta el infinito por los medios de comunicación y las artes, todavía existe un prejuicio contra lo fantástico, mediante el cual este es visto como una especie de antípoda de la realidad, de lo verdadero, de lo fáctico, lo que hace que en ocasiones se entienda como un mero entretenimiento falto de sentido, un medio de evasión y escape o, incluso, simplemente un tema para amantes del terror y de la ciencia ficción.

Siempre he batallado para darle la vuelta a esta perspectiva, resaltando el lugar que ocupa lo monstruoso en la civilización y mostrando sus aportaciones a la compleja y cambiante constitución de lo que todavía se puede llamar humano, y también a sus efectos, ahora ya plasmados en el Antropoceno. Varias de las películas que llaman la atención sobre temas contemporáneos son éxitos de taquilla, es decir, obras que satisfacen la demanda de un amplio público y, con ello, expreso mi tolerancia con lo que algunos tildarían de «películas de dudoso gusto», «modas pasajeras» o «entretenimiento barato». Al fin y al cabo, cuanto más llama la atención una forma, más puede estar cargada de signos de los síntomas de la cultura.

Antes de nada, reitero la dificultad de encontrar una definición general del término *monstruo*, ya que su noción varía enormemente de una época a otra, de una cultura a otra, de un campo de estudio a otro. Sin embargo, creo que es suficiente una conceptuación propia, la cual es fruto de mis andanzas por el reino de estas criaturas casi siempre rechazadas. Para ello, recurro a algunos ejemplos cinematográficos.

Alguien entra en un sótano buscando a una misteriosa viejecita, que está sentada en una silla, de espaldas. Al girarse, no se ve a una madre senil, sino un cuerpo embalsamado, en cuyo cráneo sobresalen dos agujeros que miran con sorna al espectador: *Psicosis* (Alfred Hitchcock, 1960).

Una bella mujer, atraída por un disputado solterón, se enfrenta, en un pueblo costero, no solo a una madre debilitada y posesiva, sino también a una bandada enfurecida de pájaros con picos ganchudos que vienen de la nada y a la nada van: *Los pájaros* (Alfred Hitchcock, 1963).

Una mañana, personas ocupadas con sus asuntos diarios se detienen para apreciar la gigantesca sombra que se cierne sobre sus destinos. Se trata de una nave espacial hostil: *Día de la Independencia* (Roland Emmerich, 1996).

Cuando la vecina adolescente intenta entrar en casa de su nuevo amigo, sangra por los orificios de su rostro de manera agonizante, hasta que el muchacho invita a pasar, de buen grado, a la insospechada vampira: *Déjame entrar* (Tomas Alfredson, 2008)

Una joven limpiadora, durante su turno de trabajo, descubre a un ser anfibio mantenido cautivo por los militares dentro de un tanque de agua y entabla una relación sentimental con él: *La forma del agua* (Guillermo del Toro, 2017).

Nada más monstruoso que dos niños gemelos que, en el umbral entre lo sobrenatural y un Edipo sobresaltado, se ponen máscaras pintadas por ellos mismos y atan a su madre a la cama, presumiendo que ella no es quien decía ser: *Buenas noches, mamá* (Veronika Franz y Severin Fiala, 2014).

Una mañana soleada de domingo en un parque, los habitantes de Seúl ven emerger, en el río que atraviesa la ciudad, un ser anómalo, resultado de una fuga química causada por científicos estadounidenses. Entre embestidas y galopadas, ese mastodonte, por puro instinto, rapta a una chica delante de los ojos de todos, sin intimidarse: *The Host* (Bong Joon-ho, 2006).

Por tanto, el monstruo, para mí, es aquel, aquello —o incluso Ello, en clave lacaniana— que rompe la aparente normalidad de las cosas, irrumpe en la cotidianidad o, simplemente, nos hace un guiño sobre una posible (aunque improbable) presencia. De esta manera, todo monstruo nos intercepta para, en consonancia con la etimología latina, «mostrarnos» algo: lo que no quiere ser visto. Lo que no puede ser comentado. Lo indeseado. Lo sin-bordes. Lo entrefronteras. A lo que solo se puede hacer referencia mediante eufemismos, como el sombrío Hades, lo «rico», «lo generoso»; o como «nuestras madres queridas», las «damas de los pájaros de la noche», denominaciones con las que los yoruba aluden al trío de las hechiceras Iyami, horribles lechuzas encaramadas en las ramas del árbol del orobó.

El monstruo, por consiguiente, es también lo tabú. El tentador. El maligno. Lo que danza en medio del remolino, haciendo un guiño aquí a la inventiva de Guimarães Rosa (2009).

La anciana que grazna

Las historias de monstruos que la época contemporánea conoce a través de los más diversos soportes —literarios, cinematográficos, televisivos, de videojuegos— le deben mucho, y directamente, a la oralidad. Con lo cual, si está en el orden del día pensar el impacto —asombroso, recalco— que este admirable mundo (no tan) feliz de las biotecnologías provoca en el ser humano, en el cuerpo hablante y en la civilización, merecen un reconocimiento poético quienes, a escondidas y a la sombra de los siglos, hicieron circular al monstruo. Quienes le dieron vida y voz.

En los albores de la llamada era moderna, en el rústico interior rural de Francia, en los pueblos de la Península Ibérica o en las llanuras húmedas de Inglaterra, fueron ellas quienes lo anunciaban: las ancianas vistas como brujas, jorobadas de tanto hilar y que, en su afán de querer matar el tiempo debido a su tedioso y repetitivo trabajo, reproducían e inventaban, entre ellas y para las jóvenes aprendices, una elocuente guía de seres subyugados y espantosos, de princesas y príncipes, de animales que hablan y de objetos danzantes.

Por la noche, eran también ellas, las señoras desdentadas y cegatas, las que reunían, en los yermos donde vivían —a las afueras de los burgos, en los extramuros, los descampados y los páramos—, un público diverso, indolente, compuesto de niños, jóvenes y adultos; y de curiosos, crédulos, proscritos, prostitutas, gitanos, los que solo estuvieran de paso.

Guardaban silencio alrededor de la hoguera para escuchar la voz de la anciana, a veces tan estridente como el graznido de un ganso, de donde Charles Perrault se inspiró para su título *Los cuentos de Mamá Oca*, de 1695. También fueron varias las mujeres quienes les contaron a los hermanos Grimm cuentos de miedo, hoy tan edulcorados por la «corrección pedagógica». Entre las de su familia, se encontraba Dorothea, la hermana de los escritores.

El padre de Oscar Wilde, médico en Dublín, solía pedir historias como pago a sus clientes más pobres, y su esposa, que tenía el bonito nombre de Speranza, las coleccionó todas, lo que llegó a influir en las creaciones literarias posteriores de su hijo.

En Brasil, fueron las amas de cría y las mujeres negras, tanto las de las *senzalas* —especies de sótanos o chozas insalubres donde se alojaban a los esclavizados que trabajaban en las casas señoriales durante la época colonial— como las que servían en la *casa-grande* —casa señorial, donde vivían los propietarios—, quienes crearon y reprodujeron muchas historias de miedo, ofreciendo un mestizaje de monstruos heredados de varios orígenes, la mayoría de ellos llegando como pasajeros clandestinos en las bodegas de las carabelas, y encerrados en baúles que contenían pergaminos y códices, así como en formidables narraciones de Oriente y de las Indias, Grecia y África.

Maravillas, prodigios, portentos.

«Aquí hay monstruos», decían las imperfectas cartas náuticas, y los jesuitas del siglo xvi, perplejos ante un mundo al revés, confirmaron muchas de aquellas formas paganas que arrastraban a los pescadores al fondo de ríos y lagos, para devorar sus vergüenzas, o, incluso, que arrancaban los corazones de los cazadores en las misteriosas profundidades de la selva negra.

El delfín rosado ictifálico, hibridismo apolíneo del mar Egeo, nos llegó transmigrado en la forma chancera del muchacho mujeriego con un agujero en la cabeza, mientras que las hadas iberoceltas de linaje tanto melusiano como medusiano se convirtieron en tapuyas morenas que se mezclaban con la graciosidad de las diosas de Costa da Mina.

En algún momento de ese crisol de historias incluyo a mi abuela paterna, del estado de Minas Gerais, que me contaba variadas historias, entre ellas la del terrible *eu caio* («me caigo», en portugués), una figura fantasmal que caía al suelo hecho pedazos, alojada bajo el techo de una casa encantada, pero que antes advertía al intruso de su presencia mediante una cantinela lingüística.

En el viejo cuento, parecía que quien se topase con esa voz acusmática en la casa embrujada no esperaría a ver el bicho que se formaría después de que todas sus partes se juntaran sobre el piso de madera.

A mis cinco años, miraba el techo de la vieja casa de mi abuela mientras escuchaba la historia. Ella, sospechando que había algo excesivamente incómodo en el relato, me dijo: «Al final, tan solo era un mago que se había escondido allí». Pero aquella rápida explicación no surtía efecto, ni me convencía, porque el placer de la historia estaba en la espera, no en su develamiento. Porque el *eu caio* venía, de por sí, revestido del placer casi arqueológico de la curiosidad y la suposición, más que de la revelación y del descubrimiento.

Así, el coco de la cocina con techo de tejas francesas desaguó en textos que buscaban darle a lo monstruoso la seriedad que merece como campo de estudio. El *eu caio* cuajó y se convirtió en uno de los primeros monstruos que narré, en aquellas *Historias encantadas alrededor de la estufa de leña*,[2] y es símbolo de un antiguo y atávico interés por los bicharracos y los engendros, interés que me llevó a hacer de un objeto personal un objeto teórico.

Cierta tarde, en un autobús que subía por la concurrida calle Augusta, en São Paulo, estaba pensando en un *corpus* para un posible doctorado y me vinieron a la mente los seres fantásticos y sus historias de miedo y magia. De hecho, reconocí que, a lo largo de mi vida, había reunido, recogido y coleccionado a mi alrededor los trozos del *eu caio* de antaño, metamorfoseados en fragmentos de las más diversas expresiones de lo monstruoso, tanto en la literatura como en el cine.

Desde entonces, de libro en libro, la criatura tenebrosa del cuento basilar de mi infancia se ha multiplicado en muchas partes, que son sus propias digresiones; sin embargo, nunca se muestra totalmente, velando y protegiéndonos de lo imposible y de lo indecible, que solo puede mirarse sesgadamente a través de la oblicuidad bastante garantizada por el lenguaje: escudo de Perseo.

Los medios de comunicación y las artes, como extensiones del cuerpo, son los tentáculos del inconsciente. Analizo las películas porque también quiero estudiar el malestar que envuelve el mundo humano, con el recelo de que lo ominoso —la *inquiétante étrangeté* de los franceses— sigue siendo una pista para conectarse con el monstruito del tejado, un puro signo que pide descifrarse, esta palabra que, en griego, *secnom*, era la raíz del verbo *cortar*, «extraer una parte». Y, claro está, ahí reside el límite: un signo nunca se aprehende plenamente, puesto que es impreciso. Décio Pignatari, en un momento dado, recordó que Paul Valéry reconoció que sin un *à peu près* la vida no sería posible.

Pero, al fin y al cabo, ¿por qué necesitamos tanto a los monstruos, seres intersticiales, a menudo ni de allí ni de aquí, a veces amorfos, híbridos, inconstantes, informes, indiciales, ausentes, resquicios, restos, despojos, abyectos?

Y, si vienen, y si, como es común, siempre vuelven después de irse, ¿qué quieren decirnos sus repeticiones y readaptaciones?

Muestrario de monstruos

Fue con Alejandro Herculano, en *Leyendas y narraciones*, de 1851, con quien descubrí a esa mujer que se convirtió en mi matriz para todas las figuras femeninas monstrificadas que invento y estudio. En el primer párrafo de *Dama del Pie de Cabra (romance de un juglar)*, del siglo XI, el escritor portugués ochocentista advertía: «Vosotros los que no creéis en brujas, ni en almas en pena, ni en travesuras de Satanás, sentaos aquí junto al hogar, a mi lado, y os contaré la historia de Diego López, señor de Vizcaya».[3]

Así comenzaba, recompilado, el aterrador cuento medieval sobre un hidalgo que se casó con una hermosa mujer, encontrada, de la nada, en la ladera de un monte aislado, durante una cacería de jabalíes. Sin embargo, para ser desposada, ella le impondría una condición. Un interdicto de igual calibre recayó sobre el curioso marido de la triste Melusina, de la tradición celta, hada saurófila cuyo destino fue versionado por la pluma de Jean d'Arras en su *Roman de Mélusine*, de (circa) 1392, o, incluso, en la exigencia de la golosa Madre del Agua que, en uno de mis cuentos, robaba sandías plantadas por un aldeano solterón.[4]

Los relatos en los que lo prohibido se asienta en el entrelugar donde habita el monstruo pueden resultar deliciosamente asustadores, como las del francófilo polaco Jan Potocki, en su *Manuscrito encontrado en Zaragoza*, de 1805, una obra maestra de la literatura que su compatriota Wojciech trasladó a la gran pantalla en 1965.

Potocki, de familia noble y apasionado de los viajes, fue de Rusia al desierto del Sahara: atravesó Marruecos, visitó Francia y las islas del Mediterráneo, Alemania y Países Bajos. Sin embargo, algún trocito de su inquieto corazón finalmente quedó ligado a España, tierra en la que se inspiró para componer su obra cumbre. El libro cuenta que, en las guerras napoleónicas, durante el cerco a la ciudad de Zaragoza, un oficial francés encontró un extraño manuscrito en el interior de una casa abandonada.

Pues bien: será junto a este lector ficticio que desvelaremos historias que se irán desarrollando en jornadas. En la primera, se encuentran las lascivas hermanas Emina y Zubeida, andaluzas de ascendencia mora, que seducen a Alfonso, un viajero incauto, al que le hacen escuchar sus peripecias durante toda la noche, hasta que se oiga el canto del primer gallo. No obstante, como enuncia el texto, un hombre supersticioso habría esperado a ver a las dos hermosas mujeres desaparecer por el hueco de la chimenea. Sin embargo, no fue eso lo que sucedió. Cómplices del militar francés en su atrapante narrativa, o incluso como Shahriar —el sultán de Bagdad, que era todo oídos de la inteligente Scheherazade—, deseamos la continuidad de la historia, metáfora de lo que ocurre hoy con las maratones que actualmente hacemos con las series en nuestros sofás.

Circe, la bruja más bella de la mitología griega, estaba allí, al menos 2800 años antes, llamando la atención de los navegadores aventureros: «Quedaos un poco más en mi isla... comed, bebed, divertíos y dormid». Al día siguiente, todavía embriagados por la resaca, los hombres se vieron transformados en cerdos, monos y perros, formando un zoológico encantado. Esto pone de manifiesto que lo monstruoso no desaparece ni siquiera a plena luz del día: más bien, se metamorfosea, se reduplica, se hace, se rehace, nos ilude, nos engaña y, cuando creemos que se ha ido, regresa una vez más.

Mis investigaciones alrededor del monstruo como síntoma de la cultura en el siglo actual dieron como resultado la obra *Todos los monstruos de la Tierra,* consciente de que la totalidad es una mera provocación. En sus páginas, desvelo un poco de lo que llamé «bestiarios de la literatura y del cine», especialmente desde un punto de vista enfocado en el cine contemporáneo, en un recorrido metodológico de movimientos caleidoscópicos, pero no obstante guionizado. Pero lo continúo en otros libros, como en el que tienes entre manos. Lo monstruoso es un campo infinito de investigaciones.

¡O, TEMPORA! ¡O, MORES!

El cine alimenta la fantasfera, término que acuñé para englobar a la gran esfera de representaciones de lo monstruoso. En el cine hay formas que, previamente, traducen lo que no cesa de no mo(n)strarse, lo que se repite desde lo reprimido de la cultura: sus síntomas imbuidos de nefasto goce.

El monstruo, para mí, desde su oscura caída del techo, se ha convertido en un fenómeno que me acicatea: hordas de personas zombificadas infestan los centros de consumo, en busca de lo imponderable del plus-de-goce; muchas otras se dejan seducir por el brillo aséptico del silicio impreso en las formas prometedoras del cíborg, creyendo que lo que reluce puede ser O(t)ro/Otro; y lo fantasmagórico hace tiempo que no habita en los castillos, se ha colado en nuestros dispositivos móviles y en la vida en las redes, en forma de avatares, perfiles, bulos, burbujas de odio y discusiones polarizadas sin dimensión crítica. Lo simbólico se reduce a la estructura de la pompa de jabón mientras lo imaginario, henchido de orgullo como un Teseo, se adentra en la penumbra amarga del laberinto que se aproxima a lo real.[5]

Organizando —pero no clasificando— las formas monstruosas de lo contemporáneo, encontré, como criatura paradigmática de nuestro *Zeitgeist,* al zombi, una masa corpórea y un todo-pulsión que nada elabora, tan solo deglute, en una galvánica existencia que antagoniza cualquier ideal de la cultura: carne eviscerada y boca mordiente, retorno a una oralidad que incorpora al otro por medio de la matanza, y no de la mesa; del mordisco, y no del beso, violando el tabú del canibalismo, negando toda castración y distanciándose del vampiro —un ser que, al menos, carga el peso de la búsqueda deseosa de la incorporación del otro.

El zombi, despersonalizado y errante, se reproduce por contagio. Es portador de una pandemia viral casi siempre explicada por un error científico, una fuga de radiación, un delirio tecnológico. Anuncio de un apocalipsis sin resurrectos, es también un monstruo que nos asusta sobremanera porque está muy cerca de lo real. Es otra figura más emparentada con el doble, con lo reprimido, resultante de la incapacidad de nuestra cultura, weberianamente desencantada, de pensar, mediatizar y simbolizar.

Junto con los muertos vivientes, tenemos a los alienígenas insistiendo en alterar el orden de las cosas, entrometidos violadores de los cuerpos y colonizadores de la genética: se hibridan en reordenamientos de cadenas de ADN, toman la forma del huésped y quieren perpetuarse a toda costa: ese es el lema de la saga *Alien*, que nació en 1979 bajo la dirección de Ridley Scott, y de *La cosa* (John Carpenter, 1982), ambas con ramificaciones y homenajes: *La cosa* (Matthijs van Heijningen Jr., 2011), *Prometheus* y *Alien: Covenant* (2012 y 2017, respectivamente) además de *Life (Vida)* (Daniel Espinosa, 2017).

Los álienes, así como los titanes godzílacos que aparecen en el cine tanto desde el interior de la Tierra como desde las profundidades de los mares, regresaron a puñados tras el 11 de septiembre de 2001, aquel suceso perverso que marcó la entrada de la humanidad en el nuevo milenio y causante inmediato de mi decisión de marcharme de Estados Unidos, en mi época de periodista. Después de aquello, el mundo nunca volvería a ser el mismo, ni tampoco sus monstruos.

Por otro lado, perplejos ante las nuevas conformaciones corporales que desafían a aquellos que parecen ser los últimos pilares del tricentenario humanismo en nuestra civilización, vemos al cine y a las artes en general ficcionalizando criaturas mixtas como resultado de la fusión entre lo orgánico y lo inorgánico. Son monstruos, por supuesto; y en ocasiones se acercan a las posibilidades de nuestros avances tecnológicos actuales; en otras, sin embargo, sirven como especulación sobre hasta dónde ese mono bípedo desnudo quiere llegar y, de hecho, puede llegar. Considerando, así pues, las alucinantes arquitecturas futuristas de la vida, consecuencia de una interpretación robótica y cibernética sin bordes y que tanto nos divierten, como *Yo, robot* (Alex Proyas, 2004), *Eva* (Kike Maíllo, 2011), *Ex-machina* (Alex Garland, 2014), *Her* (Spike Jonze, 2013), la serie sueca *Real Humans,* además de *Westworld* (Fred Toye y Michael Crichton, 2016), *Altered Carbon* (Laeta Kalogridis, 2018) e incluso algunos episodios angustiosos de las temporadas de *Black Mirror* (Charlie Brooker, 2011-2025).

También está lo que llamo la «biociborgización del cuerpo mediante las antropotecnias», estas últimas no solo ilustradas en delicadezas imaginéticas, como *Avatar* (James Cameron, 2009), *Avatar: el sentido del agua* (James Cameron, 2022) y *La invención de Hugo* (Martin Scorsese, 2011), sino igualmente por obras que promueven una gran reflexión filosófica en el campo de la cibercultura, por intermedio del apoyo cooperativo del psicoanálisis y de las neurociencias, dos áreas cuyo diálogo vienen soñando los investigadores de la envergadura de François Ansermet y Pierre Magistretti y del que también reflexiona el psicoanalista catalán Miquel.[6] Menciono películas de las sagas *Blade Runner* (Ridley Scott, 1982; Denis Villeneuve, 2017) y *Terminator 1 y 2* (James Cameron, 1984 y 1991), pero también *A.I. Inteligencia Artificial* (Steven Spielberg, 2001), *Splice. Experimento mortal* (Vicenzo Natali, 2009) y *La piel que habito* (Pedro Almodóvar, 2011).

El fantasma, habitante de casas abandonadas, castillos y cementerios, y que clásicamente entró en el cine por las chirriantes puertas del estilo gótico, también migra, sobre todo a partir de la década de 1980, a las tecnologías electrónicas analógicas y, posteriormente, a las digitales y posdigitales: analógicas, como *Poltergeist. Fenómenos extraños* (Tobe Hooper, 1982),

Los cazafantasmas (Ivan Reitman, 1984), *The Ring* (Hideo Nakata, 1998), *The Ring* (Gore Verbinski, 2002), *Shutter: el fotógrafo* (Banjong Pisanthanakun y Parkpoom Wongpoom, 2004), *Eliminado* (Levan Gabriadze, 2014), *e-Demon* (Jeremy Wechter, 2018), *Friend Request* (Simon Verhoeven, 2016) y *El teléfono del señor Harrigan* (John Lee Hancock, 2022).

Acompañando a la creciente virtualización de la vida social también debido a la presencia de la sintiencia y del internet de las cosas, se detectan nuevas vestimentas para el fantasma, tomado aquí con el acertado término francés de *revenant,* «lo que vuelve», lo que no cesa de no mo(n)strarse, ya sea como espíritu, como alma en pena, como avatar o, según series de televisión recientes (por ejemplo, *Black Mirror*), como manipulación y volitación de lo que extrañamente se llama «conciencia», a veces «memoria».

En esta tercera matriz representativa, los fantasmas se comunican cada vez más a través de las redes sociales, de las aplicaciones para móviles y de los *softwares,* como se puede apreciar en *Llamada perdida* (Takashi Miike, 2003), *Pulse (Conexión)* (Jim Sonzero, 2006), *Pulse 2: Afterlife* (Joel Soisson, 2008), *Llamada perdida* (Eric Valette, 2008), *Her* (Spike Jonze, 2013) y, una vez más, *Eliminado* (*Unfriended*).

Esto demuestra cuánto nos acompaña el deseo de trascendencia: de un tiempo a esta parte, parece haber habitado tecnologías como la inteligencia artificial, en lugar de circunscribirse únicamente al ámbito religioso, prueba de que el mundo desencantado tiene su fuerza contraria. Se forma así una cuarta herida narcisista, la que nos pone ontológicamente al mismo nivel que los demás animales y que los objetos que conversan.

¿El fin de lo humano?

Cada pilar monstruoso que establecí para representar las caras del malestar en la cultura (el zombi de la tanatopolítica, el fantasma de la tecnología, el cuerpo biociborgizado y el invasor alienígena que necesita ser rechazado y destruido) señala particularidades que se interconectan en el confuso estado de cosas en el que vivimos. En definitiva, tenemos el cuerpo desmembrado y cadavérico, la amenaza del otro, el desmoronamiento de los ideales de subjetividad y la ansiedad por un cuerpo superheroico, longevo, eterno mientras dure.

Hay, sin embargo, un «quinto elemento» —jugando con el título de la película de Luc Besson—, que traduzco como la proximidad de lo real, en clave lacaniana, envuelto por los monstruos vinculados al catastrofismo, que, a su vez, es hijo ilegítimo, pero adoptado, del Antropoceno.

Hoy en día, la especie humana ya no puede creerse el pináculo de la expresión de la vida en la Tierra, reducida —por un lado, por los animales no parlantes y, por el otro, por los dispositivos tecnológicos— a ser apenas un agente más entre los demás. Dejando a un lado las algas cianofíceas, productoras primarias de la biosfera durante la fase inicial de oxigenación planetaria, ninguna otra especie ha modificado la Tierra tanto como la nuestra, hasta el punto de provocar esta nueva era geológica, que oficialmente ya nos ha hecho despedirnos del Holoceno. Y ahora, perdidos en la encrucijada de lo que lúgubremente se ha denominado Antropoceno, sabemos que no estaremos aquí cuando llegue la próxima era geológica.

Aunque hubo una nada desdeñable hornada de películas de catástrofes en la década de 1970, el siglo XXI —que, como dije, arrancó con el serio trauma del terrorismo en las Torres Gemelas— es el semillero de producciones variadas en torno a la destrucción y al caos, ya sean estas últimas causadas por agentes naturales, como resultado de la pulsión de muerte dirigida a lo colectivo o, incluso, por la combinación de ambas.

El destino planetario es casi siempre el telón de fondo para un *mea culpa* de nuestra especie: parece evidente que, cuando los países se movilizan para salvar al último ejemplar de una determinada especie, lo que encierra esa acción es mucho más el temor y —¿por qué no?— el deseo del fin del *Homo sapiens* en vez del de otros seres. Al fin y al cabo, el planeta no requiere de salvacionismos: se reinventa todo el tiempo, en larguísimos procesos de terraformación, desde cuando era una bola de material incandescente, sin vida orgánica. Por tanto, uno de los retos del ser humano a partir de ahora será, sin duda, llegar a otros orbes que deberán ser colonizados, no necesariamente para alarde de los terrícolas, sino para garantizarnos algún tipo de refugio.

Este planeta es una esfera irregular en la que se desparraman refugiados de todo tipo, en un sentido amplio, buscando nichos que ya no se pueden encontrar. Si bien algunos científicos dataron el inicio del Antropoceno en 2016, yo defiendo que las acciones que lo desencadenaron se remontan incluso a la prehistoria, como explico en una de mis obras.[7]

Curioso sino el de nuestra especie, que, cuando se abrió al descubrimiento de las técnicas, de los códigos, de las arquitecturas, del dominio de las plantas y de los demás animales, no supo encontrar el comedimiento, la buena medida de las cosas. De ahí la pregunta que se hizo un día Òscar Pàmies, escritor catalán, en el título de uno de sus libros: *Com serà la fi del món?* (¿Cómo será el fin del mundo?), a lo que, por coincidencia, 17 años después, los hermanos Pastor trataron de responder en *Los últimos días* (2013), presentando una Barcelona devastada, pero no imposible.

El cine de inspiración catastrófica, no por casualidad, se alimenta casi siempre de superproducciones que atraen a multitudes ansiosas por liberar lo escópico: ¿cómo será, después de todo, mirar el final de las cosas? *El núcleo* (Jon Amiel, 2003), *El día de mañana* (Roland Emmerich, 2004), *Huracán categoría 6* (Dick Lowry, 2004), *Categoría 7: el fin del mundo* (Dick Lowry, 2005), *Impacto lunar* (Terry Cunningham, 2006), *Señales del futuro* (Alex Proyas, 2009), *Tsunami* (Yoon Je-kyoon, 2009), *2012* (Roland Emmerich, 2009), *Impact* (Mike Rohl, 2008), *Lo Imposible* (Juan Antonio Bayona, 2012), *After Earth* (M. Night Shyamalan, 2013), *San Andrés* (Brad Peyton, 2015), *I Still See You* (Scott Speer, 2018),

A ciegas (Susanne Bier, 2018), *Greenland: El último refugio* (Ric Roman Waugh, 2020), *De amor y monstruos* (Michael Matthews, 2020), *No mires arriba* (Adam McKay, 2021) y *Cangrejo negro* (Adam Berg, 2022) son algunos ejemplos de una larga lista.

Por un lado, lo insoportable; por el otro, lo razonable: en *Melancolía* (Lars von Trier, 2011), el abominable desenlace no solo acaba con nuestra especie, nuestro hogar, sino que también pone fin a la Historia a través de la mirada monstruosa de aquel planeta nostálgicamente azul que se tragó al nuestro después de un último beso. Fundido a negro.[8]

A diferencia del cortometraje *Paris by Night of the Living Dead* (Grégory Morin, 2009), cuando los hombres, en su intento de deshacerse de los zombis, derriban hasta la Torre Eiffel y arrasan irremediablemente los Campos Elíseos, en *Los últimos días*, David y Àlex Pastor proponen un mundo que recomienza, aun sin buena parte de nosotros. Es en él donde los edificios y monumentos de Barcelona no ceden ante la Cosa: las trepadoras cubren de verde salvaje las estatuas ruginosas, mientras un magnífico animal deambula por los *carrers* de esa ciudad que, superando todo tipo de conflictos y opresiones «antro-obscenas», desde la cultura de los iberolayetanos hasta la actualidad, supo convertirse en uno de los símbolos más imponentes del tesón y la perseverancia de un pueblo.

Vemos, por lo tanto, que los monstruos nos citan todo el rato: ofrecen, en un abanico de formas y temas, lo que está arraigado en la cultura, aunque esta galope locamente como un jinete sin cabeza sobre un corcel de fuego, con la vana esperanza de mantener sus objetos más deseados. A veces, por inconstancia y ansiedad, lo hace sin pensar, como el triste Orfeo que, en el último momento de salir de los infiernos, mira a su amada Eurídice que venía justo detrás, al borde del acantilado. Su mirada viola entonces el contrato que hizo con Hades, pero sobre todo con la sufriente Perséfone, que tan bien supo interceder por el hermoso dios de las artes. Orfeo, sin su ninfa, comienza a vagar sin rumbo con un desmesurado dolor, buscando eternamente su objeto perdido para siempre.

¿Qué esperar del futuro? ¿Hacia dónde va lo contemporáneo?

Las reflexiones cinematográficas de este libro, imbuidas del deseo de discurrir sobre el Antropoceno y de la condición humana, me llevaron a un recuerdo oportuno: una vez me topé con dos excursionistas con un perro en una montaña nevada francesa, a unos trescientos metros de El Pas de la Casa, el pueblo andorrano en el que estaba alojado. El animal se encontraba muy feliz porque, según sus dueños, ya de cachorro le empezó a encantar la nieve. Sin embargo, percibí que sería imposible que reconociera que el inmenso manto blanco en el que iba dejando sus huellas estaba hecho del mismo elemento con el que siempre le había gustado juguetear. El animal comía nieve, pero siempre que fuera en forma de bolas —y no solo por preferencia lúdica—. Es como si, estando en una piscina llena de su zumo favorito, una persona solo lo reconociera cuando alguien le diese el contenido en un vaso, separando una parte del todo. Un can, en este sentido, no es un ser que elabora metáforas y metonimias. La inquietud que había en aquel simpático perrito provenía del hecho de darse cuenta de que algo le resultaba familiar en el entorno, sin, no obstante, hacer las debidas conexiones semióticas que haría un *sapiens*. De ahí que podamos preguntarnos: ¿somos maravillosos por ser los señores del lenguaje simbólico?

Por el contrario, nos desconcierta el hecho de que la cultura demuestre que la comunicación humana es una imposibilidad. En todo momento tenemos que entrar en acuerdo con el otro sobre lo que estamos suponiendo decir y, encima, hemos de creer, de buen grado, que somos comprendidos y que hay un entendimiento. Lo que ocurre es que, en todo momento, los descarríos del deseo interfieren en nuestra comprensión del mundo y, por consiguiente, en nuestras acciones.

Nosotros, los humanos, especie biológica, mamífera, primate, bípeda y gregaria, en algún momento de la prehistoria logramos desarrollar y, posteriormente, mejorar, lo que llamamos lenguaje simbólico.[9] A diferencia de lo que sucede con otros animales, delimita en nosotros el lugar de la falta —por consiguiente, del deseo—. Y eso nos llevó también a una percepción muy precisa sobre la finitud orgánica.

Hace tres millones y medio de años, nuestros antepasados bípedos ya dominaban técnicas rudimentarias de tallado de piedras. Eran pocos individuos los que se aglomeraban en grupos dispersos por el inmenso continente africano. Sin embargo, las antropoviolaciones, como yo las denomino, nos acompañan desde que, ya en el mundo *sapiens*, millones de años después, fuimos marcados por el lenguaje, nuestro primer y mayor artificio, respondiendo a la angustia de sabernos seres en falta.

El *Homo sapiens* se destacaría como un voraz megadepredador: su salida del círculo afroasiático rumbo a una gran isla desconocida resultó, durante aproximadamente 5000 años, en el exterminio del 90 % de la megafauna de lo que hoy se llama Australia, imprimiendo, según varios científicos, una de las primeras grandes huellas negativas que dejamos en la Tierra.

Se supone, por ejemplo, que nuestros primos, los neandertales, disponían de la capacidad de representación simbólica del propio mundo, incluida la apreciación artística. Pero no tuvieron tiempo de vivir hasta llegar a erguir ninguna civilización, pues tal vez fueron exterminados por nuestra especie. Bajo el nombre de «hombres de Cromañón», los *sapiens*, mucho más numerosos que los neandertales autóctonos, fueron extendiéndose por Europa y ocupando los nichos ecológicos de la otra especie con rapidez y voracidad.

Más allá de lo que hoy es delirio —la superación de la muerte para aproximadamente el año 2200, según algunos científicos futurólogos—, un diálogo neuropsicoanalítico por medio de la plasticidad parece ser una de las alternativas para que nos pongamos a pensar en todo tipo de ideologías deterministas que aún persisten. Al concepto de vida, respaldado por el clásico trabajo de Maturana y Varela en torno a la autopoiesis, en las décadas de 1960 y 1970, se le suma hoy el elemento inorgánico como agente incontestable, especialmente en el ámbito de lo tecnológico y, más concretamente, de la IA.

En este imperio de *mirabilia*, muchos hombres de la ciencia, en su principio fálico, ignoran la pulsión y la lógica del no-todo, del mismo modo que la religión, por su parte, demoniza la Cosa y, en este exorcismo, la hace aún más presente, de forma insistente. Más que ceñirse a una mirada asertiva, nuestra especie se pierde en espejismos alimentados por las redes sociales: lo que sentimos como cuerpo y mente ocupa, para el psicoanálisis, un solo lugar. ¿En qué *pendrive* pondremos la singularidad de una persona cuando muera? ¿Podría un androide ser deseante y, como tal, en las turbulencias del sueño, soñar con ovejas eléctricas? Y cuando las revistas de cibernética anuncien que un humanoide, saltando felizmente sobre la curva gráfica del *uncanny valley*, se ha hecho finalmente a nuestra y semejanza, en qué espejo nos miraremos para preguntarnos: «¿Y nosotros?, ¿todavía estamos hechos a imagen de alguien?».[10]

Perdidos en el círculo vicioso y redundante de peripecias experimentales que premeditan enjaular la conciencia para encarnarla en otro soporte, hay quienes, a medida que avanza el siglo XXI, todavía no saben que Freud, hace tantas décadas, desató por nosotros, bravamente, una zona oscura que los físicos no lograrán detectar, y llegó lejos, mucho más lejos de lo que la sonda Voyager algún día podrá llegar.

Somos, no obstante, una especie irresponsable. Hasta en el más remoto desierto helado dejamos nuestros rastros: una botella de vidrio vacía, una lata abierta, una bolsa de plástico. No solo imprimimos huellas en la nieve y la arena, como otros animales, sino que, sobre todo, amontonamos residuos y basura allá donde vamos. Y las maquilladas facetas del capitalismo —ocio desmesurado, turismo de masas, explotación laboral en países periféricos, opulencia obscena y despilfarro de los países del primer mundo— son algunas demostraciones de ello. En 2018, mientras asistía a una conferencia sobre IA en Barcelona, me fijé en cuánto ensalzaba el conferenciante de Oxford el futuro de las facilidades tecnológicas ante un público atento que, con todo, no sabía inferir que todo eso se daría a cambio de la explotación y el ninguneo —una vez más— de África, el continente de todos los flagelos, así como de sus gentes que se encuentran por debajo del umbral de pobreza.

El cine ilumina, nos hace pensar. El psicoanálisis apunta y pondera puntos de intersección, de fragilidad y de ruptura: señala el vacío ignorado por la ciencia. La semiótica ve la constelación de los signos en redes: sus puntos luminosos entre lagunas sombrías.

Así nacimos y, tal vez, así moriremos: en el crepúsculo que hemos creado para nuestra especie. Dentro de muchos siglos, cuando una tímida *Blatella germanica* caliente sus pequeñas alitas observando, desde lo alto de una colina, el rojo mortecino del atardecer sobre nuestras ciudades en ruinas, ya no estaremos en este planeta como seres vivos.

La condición humana, en el sentido que uso en este texto, suele ser una monstruosidad con inclinación kafkiana y lovecraftiana. La cuestión es saber si nuestra especie realmente quiere y, de querer, si todavía puede revertir el estado terminal que se anuncia a sí misma. No podríamos haber sido más patéticos: el «hombre que sabe que sabe». Pero ¿que sabe qué?

Por otro lado, tratamos a nuestros otros llamados «animales» —especialmente a los domésticos— de una manera cada vez más antropomorfizante, y la industria de productos para mascotas se beneficia enormemente de esas «monadas» que no paran de protagonizar vídeos virales en las redes digitales. Los animales sufren las consecuencias de nuestros desvaríos, pretensiones y exageraciones. Lo imposible de las relaciones entre los humanos se desvía hacia estos seres que viven a nuestra merced desde hace miles de años: perros, gatos, pájaros, cerdos, tortugas, vacas, ovejas, caballos; todos cada vez más alejados de sus expresiones instintivas. Este es un ejemplo de cómo obligamos al mundo a ser como queremos que sea. Convertimos a nuestros otros biológicos en juguetes y manipulamos sus formas de ser en pro de nuestro narcisismo. ¿No será más afortunado un lobo de la estepa que un caniche?

El *Homo sapiens sapiens* es una especie despiadada, por un lado, y sierva del ridículo, por el otro. Se pierde en frases hechas, en la superficialidad de las ideas, en las *deep news*, en las difamaciones. Lo devora todo con tal voracidad que ya no podrá sobrevivir únicamente con lo que este planeta tiene para ofrecerle.

Entonces, ¿qué es lo que todavía nos hace humanos?

En este momento, pienso en el diván freudiano beis cubierto con alfombras persas rojas y cojines de terciopelo que, para muchos, es un símbolo máximo. No hay milagros, no hay receta para la felicidad, no hay progreso incesante, solo la travesía, tantas veces silenciosa, llena de baches, escindida, pero zurcida y, sobre todo, valiente, de nuestra intimidad existencial, hacia un lugar donde, muchas veces, lo farmacéutico y lo cognitivo-conductual no pueden entrar simplemente porque no tienen la llave.

Uno de esos lugares quizá sea el tejado hollinado de la antigua casa de cada sujeto, desde donde, poco a poco, se van revelando los crisoles del *eu caio*, siempre que sea posible, pero en la medida de lo soportable. A esta socia de la muerte, anunciadora del tiempo que pasa, la llamaré siempre «vida».

Sigmund Freud había establecido los tres grandes tipos de sufrimiento que comúnmente aquejan al ser humano y su mundo: el propio cuerpo, las acciones de la naturaleza sobre nosotros y nuestras relaciones con los demás. Jacques Lacan, por su parte, estudió la angustia, el miedo y el dolor y nos hizo avanzar con uno de los trabajos más consistentes sobre las cuestiones humanas, dilucidando por aquí, cuestionando por allá, y tantas veces nombrando nuestras contrariedades y beneficios civilizacionales: la metáfora paterna, el falo, el goce, el plus-de-goce, el síntoma, el *sinthome*.

A partir de Freud y Lacan, pero también de Slavoj Žižek, Peter Sloterdijk, Jacques-Alain Miller, Miquel Bassols, Gérard Wajcman, Vladimir Propp, Donna Haraway, Jorge Luis Borges, Guillermo del Toro, Jean-Claude Romer, André Breton, Alfred Hitchcock, Ítalo Calvino, Câmara Cascudo, Stephen King, David Cronenberg, Edgar Allan Poe, Tim Burton, Derrida, Deleuze, Didi-Huberman, Murilo Rubião, Guimarães Rosa y tantos otros interlocutores que considero míos en la lectura, la escritura, el cine y el pensamiento, asevero que cada vez nos hacen falta más monstruos de ficción porque, aparte de divertidos, siguen actuando como prodigios que nos alertan.

Demasiadamente humanos, los monstruos son brújula, parámetro, cinta métrica, veleta, reloj de arena, señal, mapa, puente, salida y llegada. Y, sin ellos —siempre lo digo—, solo podríamos existir como la más triste y desorientada de las especies.

Bibliografía

ALARCÓN, T. L. (2016): «Cronos. Mala sangre». En J. PEDRERO SANTOS (Org.), *Las fábulas mecánicas. Guillermo del Toro,* Madrid, Calamar Ediciones.

ANTICH, X. *et al.* (2010): *De animales y monstruos,* Barcelona, ContraTexto/Museu d'Art Contemporani de Barcelona/Universitat Autònoma de Barcelona.

BASSOLS, M. (2011): *El caballo del pensamiento,* Granada, Universidad Editorial de Granada.

—(2017): *Lo femenino, entre centro y ausencia,* Buenos Aires, Grama Ediciones.

BENSHOFF, H. M. (Ed.) (2014): *A companion to the horror film,* Oxford, Wiley Blackwell.

BERCEO, G. de (2016): *Milagros de Nuestra Señora,* Madrid, Penguin Clásicos.

CARROLL, N. (1990): *The philosophy of horror or paradoxes of the heart,* New York, Routledge.

CAVALIERE, A. (Ed.) (2015): *Enseñanzas de lo inefable. Cine y psico- análisis,* Alicante, Universitat d'Alicant.

CAZOTTE, J. (2005): *Le Diable amoureux,* Paris, Éditions de la Seine.

CÉARD, J. (1971): «Introduction». En A. PARÉ, *Des monstres et prodiges. Édition critique et commentée par Jean Céard,* Genève, Librairie Droz.

CORBELLA, J. (2018): «Localizada en Borneo la pintura figurativa más antigua de la humanidad». Disponible en https://www.lavanguardia.com/cultura/20181107/452791424991/pintura-rupestre-mas-antigua-borneo.html. Consultado el 7 de noviembre de 2018.

CYBORG FOUNDATION (s. f.): Disponible en https://www.cyborgfoundation.com. Consultado el 23 de julio de 2022.

D'ARRAS, J. (1999): *Melusina o la noble historia de Lusignan*, Madrid, Alianza Editorial.

DEL TORO, G. (2009): *Hitchcock por Guillermo del Toro*, Madrid, Espasa.

DEL TORO, G. Y C. HOGAN (2010): *Nocturna*, Madrid, Suma.

—(2010): *Oscura*, Madrid, Suma.

—(2010): *Eterna*, Madrid, Suma.

DERRIDA, J. (2008): *El animal que estoy si(gui)endo*, Madrid, Trotta.

DÍAZ MAROTO, C. (1998): «*El Espinazo del Diablo*. De la esencia de los fantasmas». En H. MATURANA y F. VARELA, *De máquinas y seres vivos. Autopoiesis: la organización de lo vivo*, Buenos Aires, Lumen.

—(2016): *El espinazo del diablo. De la esencia de los fantasmas*. En J. PEDRERO SANTOS (Org.), *Las fábulas mecánicas. Guillermo del Toro*, Madrid, Calamar Ediciones.

ECO, U. (2004): *La historia de la belleza*, Barcelona, Lumen.

—(2007): *Historia de la fealdad*, Barcelona, Lumen.

ELIADE, M. (1972): *Mito e realidade*, São Paulo, Perspectiva. [Traducción al español de L. GIL (1999): *Mito y realidad*, Barcelona, Kairós].

FEDER, S. (2017): «'The Shape Of Water' is a biblical meditation on transcendent love». Disponible en https://forward.com/culture/film- tv/390336/the-shape-of-water-book-of-ruth-guillermo-del-toro. Consultado el 14 de abril de 2023.

FERNÁNDEZ VALENTÍ, T. (2016): «*El Laberinto del Fauno*. Las pruebas mágicas de Ofelia». En J. PEDRERO SANTOS (Org.), *Las fábulas mecánicas. Guillermo del Toro*, Madrid, Calamar Ediciones.

Fisher, M. (2018): *Lo raro y lo espeluznante,* Barcelona, Alpha Decay.

Freud, S. (1923): «Une névrose démoniaque au XVIIe siècle». (Marie Bona- parte; Mme. E. Marty, Trads.). Disponible en https://psychaanalyse.com/pdf/une_nevrose_demoniaque_au_17_siecle_freud.pdf. Consultado el 2 de julio de 2022.

—(2003 [1910]): *Obras completas. Volumen 11. Cinco conferencias sobre Psicoanálisis. Un recuerdo infantil de Leonardo da Vinci, y otras obras (1910),* Buenos Aires, Amorrortu.

Galland, A. (Trad.) (1985): *Las mil y una noches según Galland,* Madrid, Siruela.

Goddu, T. A. (2000): «Introduction to American gothic (Extract)». En K. Gelder (Coord.), *The horror reader,* London, Routledge.

Gruzinski, S. (1999): *El pensamiento mestizo,* Barcelona, Paidós.

Guimarães Rosa, G. (2009): *El gran Sertón: veredas,* Madrid, Alianza Editorial.

Hantke, S. (2014): «Science fiction and horror in the 1950s». En H. M. Benshoff (Ed.), *A companion to the horror film,* Oxford, Wiley Blackwell.

Haraway, D. (1995): *Ciencia, cyborgs y mujeres. La reinvención de la naturaleza,* Madrid, Cátedra.

—(2016): *Manifiesto de las especies de compañía. Perros, personas y la alteridad significativa,* Buenos Aires, Sans Soleil.

—(2019): *Las promesas de los monstruos. Ensayos sobre ciencia, naturaleza y otros inadaptables,* Madrid, Holobionte Ediciones.

Hayles, C. N. (1999): *How we became posthuman. Virtual bodies in cybernetics, literature, and informatics,* Chicago, The University of Chicago Press.

Herculano, A. (1924): *La dama del pie de cabra (romance de un juglar)*, Madrid, Prensa Popular.

Higueras, R. (Ed.) (2016): *Cine fantástico y de terror español. Mutaciones y reformulaciones [1984-2015]*, Madrid, T&B Editores.

Kappler, C. (1986): *Monstruos, demonios y maravillas a fines de la Edad Media*, Madrid, Akal/Universitaria.

Kotsko, A. (2016): *Por qué nos encantan los sociópatas*, Barcelona, Editorial Melusina.

Lacan, J. (1981): *El seminario de Jacques Lacan. Libro 20. Aún [1976]*, Buenos Aires, Paidós.

—(2003) [edição não comercial]: *Seminário: a identificação*, Centro de Estudos Freudianos do Recife.

—(2006): *El seminario de Jacques Lacan. Libro 10. La angustia [1962-1963]*, Buenos Aires, Paidós.

—(2008): *El seminario de Jacques Lacan. Libro 16. De un Otro al otro [1968-1967]*, Buenos Aires, Paidós.

—(2013): *El seminario de Jacques Lacan. Libro 7. La ética del psicoanálisis*, Buenos Aires, Paidós.

Lampis, M. (2012): *La inteligencia y los artefactos. Un enfoque semiótico*, Chrenová, Univerzita Konstantína Filozofa v Nitre Filozofická faculta.

—(2016): *Tratado de semiótica caótica*, Sevilla, Ediciones Alfar.

Lawrence, N. (2018): «A history of monsters». Disponible en https://aeon.co/essays/there-be-monsters-from-cabinets-of-curiosity-to-demons-within. Consultado el 31 de octubre de 2018.

Leeder, M. (Coord.) (2015): *Cinematic ghosts: haunting and spectrality from silent cinema to the digital era*, London, Bloomsbury.

Levin, I. (1993): *La semilla del diablo*, Barcelona, Mondadori.

Leite, M. P. de S. (1991): *O deus odioso. Psicanálise e representação do mal. O diabo amoroso/Jacques Cazotte,* São Paulo, Escuta.

López, D. y D. Pizarro (2014): *Silencios de pánico. Historia del cine fantástico y de terror español, 1897-2010,* Barcelona Tyrannosaurus Books.

Lotman, I. (1996 [1981]): «La semiótica de la cultura y el concepto de texto». En I. Lotman, *La semiosfera I. Semiótica de la cultura y del texto* (pp. 77-82), Madrid, Cátedra.

Ludueña Romandini, F. (2020): *La comunidad de los espectros. I. Antropotecnia,* Buenos Aires, Miño y Dávila Editores.

Megía, C. (2018): «¿Cuento de hadas o zoofilia? La polémica revolución sexual de la favorita al Oscar». Disponible en *El País.* https://smoda.elpais.com/moda/actualidad/la-forma-del-agua-polemica-sexual/. Consultado el 3 de junio de 2023.

Messias, A. (2004): *Histórias mal-assombradas em volta do fogão de lenha,* São Paulo, Biruta.

—(2010): *Histórias mal-assombradas de Portugal e Espanha,* São Paulo, Biruta.

—(2019): *O pomo da discórdia. A história da Guerra de Troia,* São Paulo, Sowilo.

—(2020a): «O último olhar de King Kong: antropocentrismo e tecnociências». *TECCOGS. Revista digital de tecnologias cognitivas,* (22), 121-141. Disponible en https://doi.org/10.23925/1984-3585.2020i22p121-141.

—(2020b): «Antropoceno y malestar cultural: ¿el crepúsculo del *Homo sapiens*? Reflexiones sobre civilización y tecnologías monstruosas». En R. Carniel Bugs (Org.), *La comunicació com a eina per a la cohesió social contra el racisme i la intolerancia,* Observatori Mediterrani de la Comunicació. Disponible en https://ddd.uab.cat/record/233943. Consultado el 22 de diciembre de 2020.

—(2020c): *Todos los monstruos de la Tierra: bestiarios del cine y de la literatura*, Madrid, Punto de Vista Editores.

—(2021a): «Serão os robôs humanoides os novos zumbis? Uma mirada semiótico-psicanalítica sobre o design». En R. Gonsalves y D. A. Penha (Orgs.), *Ensaios sobre vampiros e zumbis: psicanálise, filosofia e arte*, Rio de Janeiro, Luva Editora.

—(2021b): «O Antropoceno é uma outra coisa/ Outra coisa: uma abordagem semiótico-psicanalítica». *TECCOGS. Revista digital de tecnologias cognitivas*, (24), 101-121. Disponible en https://doi. org/10.23925/1984-3585.2021i24p101-121.

—(2021c): *O grumete e o tupinambá. Romance da França Antártica*, Belo Horizonte, RHJ.

—(2022a): *Psicanálise e neurociências: um diálogo possível?*, São Paulo, Blucher.

—(2022b): «O Antropoceno e as ruínas da democracia: a condição humana como monstruosidade». *Cadernos IHU Ideias, 20*(335). Disponible en https://www.ihu.unisinos.br/images/stories/cadernos/ideias/335cadernosihuideias.pdf. Consultado el 1 de julio de 2022.

—(2024): *El monstruo como condición humana. Antropoceno y colapso de la civilización*, Madrid, Punto de Vista Editores.

—(2025): *Antropoceno, Epidemias e Pandemias. Da pré-história ao Covid-19*, São Paulo, Blucher.

—(inédito): *Antropoceno. Tratado geral sobre o fim do mundo humano.*

Miller, J.-A. (2005): «Introduction à la lecture du Séminaire L'angoisse de Jacques Lacan». *La Cause freudienne*, (59), 65-103.

—(2010): *Extimidad. Los cursos psicoanalíticos de Jacques-Alain Miller*, Barcelona, Paidós.

Nietzsche, F. (2001): *Humano, demasiado humano. Un libro para espíritus libres*, Madrid, Akal.

Novelli, C. (1998): «Sin, sight, and sanctity in the "Miller's tale": Why Chaucer's blacksmith works at night». *Penn State University Press/ The Chaucer Review, 33*(10).

Olney, I. (2014): «Spanish horror cinema». En H. M. Benshoff (Ed.), *A companion to the horror film*, Oxford, Wiley Blackwell.

Owen, M. M. (2018): «Our age of horror. In this febrile cultural moment filled with fear of the Other, horror has achieved the status of true art». Disponible en https://aeon.co/essays/horror-is-a-dark-and-piercing-reflection-of-our-anxious-times. Consultado el 25 de septiembre de 2018.

Painter, R. (2017): «Empathy for the Other: Guillermo del Toro talks 'The Shape of Water'». *Kutv*. Disponible en https://kutv.com/news/entertainment/empathy-for-the-other-guillermo-del-toro-talks-the-shape-of-water. Consultado el 3 junio de 2023.

Pàmies, O. (1996): *Com serà la fi del mon*, Barcelona, Edicions 62.

Paré, A. (1987): *Monstruos y prodigios*, Madrid, Siruela.

Pedrero Santos, J. A. (2016): «Entrevista con Guillermo del Toro». En J. Pedrero Santos (Org.), *Las fábulas mecánicas. Guillermo del Toro*, Madrid, Calamar Ediciones.

Pérez, J. (2008): «Los "mirabilia" medievales y los conquistadores y exploradores de América». Disponible en https://dialnet.unirioja.es/servlet/articulo?codigo=2880982. Consultado el 4 de julio de 2022.

Pérez, E. y E. Ortega (Eds.) (2014): *Cartografías del cuerpo. Biopolíticas de la ciencia y la tecnología*, Madrid, Cátedra.

Philip, T. (2018): «Guillermo del Toro says that Shape of Water fish dildo is... not accurate». GQ. Disponible en https://www.gq.com/story/guillermo-del-toro-says-that-shape-of-water-fish-dildo-is-not-accurate. Consultado el 3 de junio de 2023.

Potocki, J. (1971): *Manuscrito encontrado en Zaragoza,* Madrid, Alianza Editorial.

Restum, Y. (2018): «Capaz de sentir as cores por meio de vibrações sonoras, 1º ciborgue do mundo está no Rio para festival». *G1.* Disponible en https://g1.globo.com/rj/rio-de-janeiro/ noticia/2018/12/07/capaz-de-sentir-as-cores-por-meio-de-vibracoes-sonoras-1o-ciborgue-do-mundo-esta-no-rio-para-festival.html. Consultado el 13 de diciembre de 2018.

Reyes, X. A. (2017). *Spanish gothic. National identity, collaboration and cultural adaptation,* Manchester, Palgrave/ MacMillan.

Roas, D. y A. Casas (Eds.) (2013): *Visiones de lo fantástico en la cultura española (1900-1970),* Benalmádena, Eda Libros.

Rosas, A. (2016). *La evolución del género 'Homo',* Madrid, CSIC/ Catarata.

Salgado, D. (2016): «La Cumbre Escarlata. Gótico tardío». En J. Pedrero Santos (Org.), *Las fábulas mecánicas. Guillermo del Toro,* Madrid, Calamar Ediciones.

Sánchez, X. *et al.* (2013): *¿Somos una especie violenta? La violencia humana explicada desde la biología y la psicopatología,* Barcelona, Universitat de Barcelona.

Schmiesing, A. (2016): *Disability, deformity and disease in the Grimm's fairy tales,* Detroit, Wayne State University Press.

Schwab, K. (2016): *La cuarta revolución industrial,* Madrid, Debate.

Silva, S. G. y J. J. Tehrani (2016): «Comparative phylogenetic analyses uncover the ancient roots of Indo-European folktales». *The Royal Society Publishing, 3.* Disponible en https://doi.org/10.1098/rsos. 150645.

Thevet, A. (1978): *As singularidades da França Antártica,* Editora Itatiaia; Edusp.

Watson, C. (1996): «Folklore and Basque nationalism: language, myth, reality». *Nations and Nationalism,* 2(1), 17-34. Disponible en https://doi.org/10.1111/j.1354-5078.1996.00017.

Zavaleta, L. (2016). «Euskaldunak or Amerikanuak: an introduction to the folklore of the Boise Basques and its contribution to the Basque-American identity». The College of Wooster. Disponible en https://openworks.wooster.edu/cgi/viewcontent.cgi?article=8173&context=independentstudy.

Referencias audiovisuales

Películas

[·REC] 2 (Jaume Balagueró y Paco Plaza, 2009)
¡Estoy vivo! (*It's Alive,* Larry Cohen, 1974)
¡Liberad a Willy! (*Free Willy,* Simon Wincer, 1993)
¿Quién puede matar a un niño? (Narciso Ibáñez Serrador, 1976)
10.000 KM (Carlos Marques-Marcet, 2014)
2001: Una odisea del espacio (*2001: A Space Odyssey,* Stanley Kubrick, 1968)
2012 (Roland Emmerich, 2009)
28 semanas después (*28 Weeks Later,* Juan Carlos Fresnadillo, 2007)
39 escalones (*The 39 Steps,* Alfred Hitchcock, 1935)
A ciegas (*Bird Box,* Susanne Bier, 2018)
A marvada carne (André Klotzel, 1985)
A.I. Inteligencia Artificial (*A.I. Artificial Intelligence,* Steven Spielberg, 2001)
Abyss (*The Abyss,* James Cameron, 1989)
Acción mutante (Álex de la Iglesia, 1993)
After Earth (M. Night Shyamalan, 2013)
Al otro lado del espejo (Jesús Franco, 1973)
Alien vs. Predator (Paul W. S. Anderson, 2004)
Alien, el octavo pasajero (*Alien,* Ridley Scott, 1979)
Alien: Covenant (Ridley Scott, 2017)
Alien: Resurrección (*Alien Resurrection* , Jean-Pierre Jeunet, 1997)
Alien³ (David Fincher, 1992)

Alucarda, la hija de las tinieblas (Juan López Moctezuma, 1977)

Amélie (*Le fabuleux destin d'Amélie Poulain,* Jean-Pierre Jeunet, 2001)

Autómata (Gabe Ibáñez, 2014)

Avatar (James Cameron, 2009)

Avatar: el sentido del agua (*Avatar, The Way of Water,* James Cameron, 2022)

Blade II (Guillermo del Toro, 2002)

Blade Runner (Ridley Scott, 1982; Denis Villeneuve, 2017)

Body melt (Philip Brophy, 1993)

Buenas noches, mamá (*Ich seh, ich seh,* Veronika Franz & Severin Fiala, 2014)

Cangrejo negro (*Svart krabba,* Adam Berg, 2022)

Categoría 7: El fin del mundo (*Category 7: The End of the World,* Dick Lowry, 2005)

Cegados por el deseo (*Closer,* Mike Nichols, 2004)

Conquistaron el mundo (*It Conquered the World,* Roger Corman, 1956)

Cría cuervos... (Carlos Saura, 1976)

Cuando ruge la marabunta (*The Naked Jungle,* Byron Haskin, 1954)

Cuentos de la Alhambra (Florián Rey, 1950)

Darkness (Jaume Balagueró, 2002)

De amor y monstruos (*Love and Monsters,* Michael Matthews, 2020)

Dioses y monstruos (*Gods and Monsters,* Bill Condon, 1998)

Drácula contra Frankenstein (Jesús Franco, 1972)

E.T., el extraterrestre (*E.T.: The Extra-Terrestrial,* Steven Spielberg, 1982)

e-Demon (Jeremy Wechter, 2016)

El apóstol (*O Apóstolo,* Fernando Cortizo, 2012)

El ataque de los muertos sin ojos (Amando de Ossorio, 1973)

El auto de la Compadecida (*O auto da Compadecida,* Guel Arraes, 2000)

El bosque (Óscar Aibar, 2012)

El bosque animado (José Luis Cuerda, 1987)
El buque maldito (Amando de Ossorio, 1974)
El delfín (*Ele, o Boto* Walter Lima Jr., 1987)
El día de la bestia (Álex de la Iglesia, 1995)
El día de mañana (*The Day After Tomorrow,* Roland Emmerich, 2004)
El doctor Frankenstein (*Frankenstein,* James Whale, 1931)
El enigma de otro mundo (*The Thing from Another World,* Christian Nyby, 1951)
El escorpión negro (*The Black Scorpion,* Edward Ludwig, 1957)
El espectro rojo (*Le spectre rouge,* Segundo de Chomón, 1907)
El espinazo del diablo (Guillermo del Toro, 2001)
El espíritu de la colmena (Víctor Erice, 1973)
El habitante incierto (Guillem Morales, 2004)
El hotel eléctrico (Segundo de Chomón, 1905)
El huésped de las tinieblas (Antonio del Amo, 1948)
El laberinto del fauno (Guillermo del Toro, 2006)
El libro de la vida (*The book of life,* Jorge R. Gutiérrez, 2014)
El manuscrito encontrado en Zaragoza (*Rekopis znaleziony w Saragossie,* Wojciech Has, 1965)
El monstruo alado (*The Deadly Mantis,* Nathan Juran, 1957)
El monstruo de los tiempos remotos (*The Beast from 20,000 Fathoms,* Eugène Lourié, 1953)
El monstruo que desafió al mundo (*The Monster that Challenged the World,* Arnold Leven, 1957)
El monstruo vengador (The creature Walks Among Us, John Sherwood, 1956)
El núcleo (*The Core,* Jon Amiel, 2003)
El orfanato (Juan Antonio Bayona, 2007)
El otro (Joan Maria Codina, Eduardo Zamacois, 1919)
El quinto elemento (*The Fifth Element,* Luc Besson, 1997)
El rayo de luna (sin director, 30 de diciembre de 1968 / TVE)
El regreso del monstruo (*Revenge of the Creature,* Jack Arnold, 1955)
El secreto de Marrowbone (Sérgio G. Sánchez , 2017)

El submarino atómico (*The Atomic Submarine*, Spencer Gordon Bennet, 1959)
El teléfono del señor Harrigan (*Mr. Harrigan's Phone*, John Lee Hancock, 2022).
El terror del más allá (*It! The Terror from Beyond Space*, Edward L. Cahn, 1958)
El vampiro (Fernando Méndez, 1957)
Eliminado (*Unfriended*, Levan Gabriadze, 2014)
Ellos (*They*, Robert Harmon, 2002)
Errementari: el herrero y el diablo (Paul Urkijo, 2017)
Eva (Kike Maíllo, 2011)
Ex machina (Alex Garland, 2014)
Excursión a la Luna (Segundo de Chomón, 1908)
Expediente Warren: The Conjuring (*The Conjuring*, James Wan, 2013)
Extinction (Miguel Ángel Vivas, 2015)
Fire Walk with Me (David Lynch, 1992)
Frágiles (Jaume Balagueró, 2005)
Friend request (Simon Verhoeven, 2016)
Fue una pesadilla (Miguel Ballesteros, 1925)
Greenland: El último refugio (*Greenland*, Ric Roman Waugh, 2020)
Gritos en la noche (*The Awful Dr. Orloff*, Jesús Franco, 1962)
Her (Spike Jonze, 2013)
Hermosa juventud (Jaime Rosales, 2014)
Hierro (Gabe Ibáñez, 2009)
Historias de miedo para contar en la oscuridad (*Scary Stories to Tell in the Dark*, André Øvredal, 2019)
Huracán categoría 6 (*Category 6: Day of Destruction*, Dick Lowry, 2004)
I Still See You (Scott Speer, 2018)
Impact (Mike Rohl, 2009)
Impacto lunar (*Earthstorm*, Terry Cunningham, 2006)
Independence Day (Roland Emmerich, 1996)
Intacto (Juan Carlos Fresnadillo, 2001)
It – Eso (*It*, Tommy Lee Wallace, 1990)

It (Andy Muschietti, 2017)
La bella y la bestia (*La belle et la bête*, Jean Cocteau, 1946)
La casa de la lluvia (Antonio Román, 1943)
La casa del pánico (*The Disappointments Room*, D. J. Caruso, 2016)
La casa embrujada (*La maison ensorcelée*, Segundo de Chomón, 1908)
La caverna de los sueños olvidados (*Cave of Forgotten Dreams*, Werner Herzog, 2010)
La cosa (*The Thing*, John Carpenter, 1982)
La cosa (*The Thing*, Matthijs van Heijningen Jr., 2011)
La cosa del pantano (*Swamp Thing*, Wes Craven, 1982)
La cruz del diablo (John Gilling, 1975)
La cumbre escarlata (*Crimson Peak*, Guillermo del Toro, 2015)
La delgada línea amarilla (Celso R. García, 2015)
La forma del agua (*The Shape of Water*, Guillermo del Toro, 2017)
La hermandad (Julio Martí Zahonero, 2013)
La historia de Ruth (*The Story of Ruth*, Henry Coster, 1960)
La humanidad en peligro (*Them!*, Gordon Douglas, 1954)
La invasión de las abejas (*Terror Out of the Sky*, Lee H. Katzin, 1978)
La invención de Hugo (*Hugo*, Martin Scorsese, 2011)
La legión de los hombres sin alma (*White Zombi*, Victor Halperin, 1932)
La maldición de la bestia (Miguel Iglesias, 1975)
La maldición de Rookford (*The Awakening*, Nick Murphy, 2011)
La mansión de los muertos vivientes (Jesús Franco, 1982)
La marca del hombre lobo (Enrique López Eguiluz, 1968)
La momia (*The Mummy*, Alex Kurtzman, 2017)
La monja (Luis de la Madrid, 2005)
La mujer de negro (*The Woman in Black*, James Watkins, 2012)
La mujer de negro: El ángel de la muerte (*The Woman in Black 2: Angel of Death*, Tom Harper, 2014)

La mujer serpiente (*Cult of the Cobra,* Francis D. Lyon, 1955)
La mujer y el monstruo (*Creature from the Black Lagoon,* Jack Arnold, 1954)
La noche de las gaviotas (Amando de Ossorio, 1975)
La noche de los muertos vivientes (*Night of the Living Dead,* George Romero, 1968)
La noche de Walpurgis (León Klimovsky, 1971)
La noche del terror ciego (Amando de Ossorio, 1972)
La pequeña coronela (*The Little Colonel,* David Butler, 1935)
La piel fría (*Cold Skin,* Xavier Gens, 2017)
La piel que habito (Pedro Almodóvar, 2011)
La posesión de Emma Evans (Manuel Carballo, 2010)
La promesa (Josefina Molina, 3 de diciembre de 1974 / TVE)
La rebelión de las muertas (León Klimovsky, 1973)
La rebelión de los zombies (*Revolt of the Zombies,* Victor Halperin, 1936)
La semilla del diablo (*Rosemary's Baby,* Roman Polanski, 1968)
Las brujas de Zugarramurdi (Álex de la Iglesia, 2013)
Life (Vida) (*Life,* Daniel Espinosa, 2017)
Lo imposible (Juan Antonio Bayona, 2012)
Lobos de Arga (Juan Martínez Moreno, 2011)
Los cazafantasmas (*Ghostbusters,* Ivan Reitman, 1984)
Los ojos de Julia (Guillem Morales, 2010)
Los ojos sin rostro (*Les yeux sans visage,* Georges Franju, 1960)
Los otros (Alejandro Amenábar, 2001)
Los pájaros (*The Birds,* Alfred Hitchcock, 1963)
Los últimos días (Àlex Pastor y David Pastor, 2013)
Los vampiros (*I vampiri,* Mario Bava y Riccardo Freda, 1957)
Llamada perdida (*One Missed Call,* Éric Valette, 2008)
Llamada perdida (*One Missed Call / Chakushin ari,* Takashi Miike, 2003)
Mad Max. Salvajes de autopista (*Mad Max,* George Miller, 1979)
Maese Pérez, el organista (Antonio Chic, 2 de enero de 1976 / TVE)
Mal gusto (*Bad Taste,* Peter Jackson, 1987)

Mamá (*Mama*, Andrés Muschietti, 2013)
Marnie, la ladrona (*Marnie*, Alfred Hitchcock, 1964)
Martes de carnaval (*Mardi Gras*, Edmund Goulding, 1958)
Mary, Mary, Bloody Mary (Juan López Moctezuma, 1975)
Más allá de la muerte (Benito Perojo, 1924)
Max, mi amor (*Max, mon amour*, Nagisa Oshima, 1986)
Melancolía (*Melancholia*, Lars von Trier, 2011)
Metamorfosis (*Métamorphoses*, Segundo de Chomón, 1912)
Mientras duermes (Jaume Balagueró, 2011)
Mindscape (Jorge Dorado, 2013)
Monster from Green Hell (Kenneth G. Crane, 1957)
Musarañas (Juan Fernando Andrés y Esteban Roel, 2014)
Necronomicón (Jesús Franco, 1968)
No mires arriba (*Don't Look Up*, Adam McKay, 2021)
No tengas miedo a la oscuridad (*Don't Be Afraid of the Dark*, Troy Nixei, 2010)
Noche fantástica (Luis Marquina, 1943)
O homem que desafiou o Diabo (Moacyr Góes, 2007)
Open windows (Nacho Vigalondo, 2014)
Pacific Rim (Guillermo del Toro, 2013)
Palabras encadenadas (Laura Mañá, 2003)
Paris by Night of the Living Dead (Grégory Morin, 2009)
Pequenas histórias (Helvécio Ratton, 2007)
Poltergeist: Fenómenos extraños (*Poltergeist*, Tobe Hooper, 1982)
Prometheus (Ridley Scott, 2012)
Pulse (Conexión) (*Pulse*, Jim Sonzero, 2006)
Pulse 2: Afterlife (Joel Soisson, 2008)
Recuerda (*Spellbound*, Alfred Hitchcock, 1945)
Regresión (Alejandro Amenábar, 2015)
Romasanta, la caza de la bestia (Paco Plaza, 2004)
San Andrés (*San Andreas*, Brad Peyton, 2015)
Sansón y Dalila (*Samson and Delilah*, Cecil B. DeMille, 1949)
Segundo origen (Carles Porta, 2015)
Señales del futuro (*Knowing*, Alex Proyas, 2009)

Shutter: El fotógrafo (*Shutter,* Banjong Pisanthanakun y Parkpoom Wongpoom, 2004)
Sigue vivo (*It Lives Again,* Larry Cohen, 1978)
Simbad y el ojo del tigre (*Sinbad and the Eye of the Tiger,* Sam Wanamaker, 1977)
Sinister 2 (Ciarán Foy, 2015)
Sleepy Hollow (Tim Burton, 1999)
Splice: Experimento mortal (*Splice,* Vicenzo Natali, 2009)
Starman, el hombre de las estrellas (*Starman,* John Carpenter, 1984)
Sueñan los androides (Ion de Sosa, 2014)
Surgió del fondo del mar (*It Came from Beneath the Sea,* Robert Gordon, 1955)
Sweet home (Rafa Martínez, 2015)
Terciopelo azul (*Blue Velvet,* David Lynch, 1986)
Terminator (*The Terminator,* James Cameron, 1984)
Terminator 2: el juicio final (*Terminator 2: Judgement Day,* James Cameron, 1991)
The Host (*Gwoemul,* Bong Joon-ho, 2006).
The Ring (Gore Verbinski, 2002)
The Ring (*Ringu,* Hideo Nakata, 1998)
Tienes un e-mail (*You've Got Mail,* Nora Ephron, 1998)
Tin & Tina (Rubin Stein, 2023)
Titán (*The Titan,* Lennart Ruff, 2018)
Toy Story (John Lasseter, 1995)
Tsunami (*Haeundae,* Yoon Je-kyoon, 2009)
Twin Peaks: Fuego camina conmigo (*Twin Peaks: Fire Walk with Me,* 1992)
Un monstruo viene a verme (Juan Antonio Bayona, 2016)
Un perro andaluz (*Un chien andalou,* Luis Buñuel, 1929)
Una de miedo (Eduardo Maroto, 1935)
Vertigo (Alfred Hitchcock, 1958)
Vinieron del Espacio (*It Came from Outer Space,* Jack Arnold, 1953)
Yo, robot (*I, Robot,* Alex Proyas, 2004)

Series

24 (Joel Surnow *et al.*, 2001-2010)
Altered Carbon (Laeta Kalogridis, 2018-2020)
Black Mirror (Charlie Brooker, 2011-2025)
Los Simpson (*The Simpsons,* Matt Groening, desde 1989)
Real Humans (*Äkta människor,* Lars Lundström, 2012)
The Strain (Guillermo del Toro y Chuck Hogan, 2014-2017)
Twin Peaks (David Lynch y Mark Frost, 1990-1991)
Twin Peaks: The Return (David Lynch y Mark Frost, 2017)
Westworld (Fred Toye y Michael Crichton, 2016-2022)

Notas

1. De la angustia, de la fobia y de otros animales

1 Guillermo del Toro en entrevista con Juan Andrés Pedrero Santos (2016).

2 Cavaliere, 2015: 15.

3 Pérez y Ortega, 2014: 28

4 Cf. Haraway, 2019.

5 Bassols, 2011: 14 y ss.

6 *Ibid.*: 17.

7 Citado en Bassols, 2011: 74.

8 Citado en Bassols, 2011: 76-77.

9 Cf. Messias, 2019.

10 Cf. vídeo promocional en https://www.youtube.com/watch?v\u003d-JpZiOtZf5To. Visitado el 25 de octubre de 2018.

11 Bassols, 2011: 25.

12 *Ibid.*: 32-33.

13 *Ibid.*: 34.

14 *Ibid.*: 42-43.

15 Lacan, 2006: 14.

16 Bassols, 2011: 44.

17 *Ibid.*: 45.

18 Levin, 1993: 119.

19 Bassols, 2011: 50.

20 *Ibid.*: 53.

21 *Ibid.*: 55, cursiva mía.

22 *Ibid.*: 70.

23 Sobre esta tópica de lo monstruoso, ver Messias, 2020c.

24 Cf. Messias, 2020a; 2020b; 2020c; 2021a; 2021b; 2022a; 2022b; 2024.

25 Fisher, 2018: 136.

2. Revoluciones de la plasticidad

1 Cf. Schwab, 2016.

2 Los *wearables* son dispositivos tecnológicos multitarea que se utilizan como accesorios y que pueden «llevarse puestos»: es el caso de los relojes inteligentes, destinados a monitorizar la salud, y de las pulseras inteligentes, con las que se pueden realizar pagos sin contacto.

3 Sánchez *et al.*, 2013: 126.

4 Cf. Messias, en prensa.

5 Rosas, 2016: 47.

6 *Ibid.*: 59.

7 Cf. Messias, en prensa.

8 Cf. Rosas, 2016.

9 Rosas, 2016: 97.

10 Cf. Messias, en prensa.

11 Sánchez *et al.*, 2013: 27 *passim.*

12 *Ibid.*: 36.

13 *Ibid.*: 47.

14 *Ibid.*: 63.

15 *Ibid.*: 69.

16 *Ibid.*: 71.

17 *Ibid.*: 72.

18 Cf. Messias, 2022a.

19 Sánchez *et al.*, 2013: 96.

20 *Ibid.*: 128-129.

21 *Ibid.*: 128-129.

22 Cf. Messias, 2022a.

23 Sánchez *et al.*, 2013: 162.

24 *Ibid.*: 181.

25 *Ibid.*: 188.

3. La condición humana como monstruosidad

1 Messias, 2022b; en prensa.

2 Cf. Messias, en prensa.

3 Fisher, 2018: 13.

4 *Ibid.*: 28.

5 *Ibid.*: 39.

6 *Ibid.*: 43.

7 La declaración se puede ver en su totalidad en https://www.cyborgfoundation.com. El sitio web de la entrevista al artista aparece en las referencias bibliográficas (cf. Restum, 2018).

8 Cf. Messias, 2020a; 2020b; 2020c; 2021a; 2021b; 2022a; 2022b; 2025.

4. La fascinación por los sociópatas en la ficción audiovisual

1 Kotsko, 2016: 18.

2 *Ibid.*: 15-16.

3 *Ibid.*: 89-90.

4 *Ibid.*: 175.

5 *Ibid.*: 177. Jack Bauer fue el protagonista de la serie *24*, de Fox (2001-2010).

6 *Ibid.*: 178.

5. Guillermo del Toro y sus monstruos humanizados

1 Cf. Del Toro, 2009.

2 *Trilogía de la Oscuridad*, con *Nocturna* (2009), *Oscura* (2010) y *Eterna* (2012).

3 Santos, 2016: 12.

4 *Ibid.*: 14.

5 Salgado, 2016: 137.

6 Santos, 2016: 21.

7 Díaz Maroto, 2016: 48.

8 Otro ejemplo temático es la película *Tin & Tina* (Rubin Stein, 2023), que coloca a unos gemelos albinos ultracatólicos como niños

perturbadores en la vida de la mujer que los adopta. Transcurre durante la transición española entre la dictadura y la democratización, en los años 80.

9 Cf. Messias, 2020c: 530-535, para un análisis de esta cinta desde el punto de vista de la monstruosidad.

10 Díaz Maroto, 2016: 50.

11 Fernández Valentí, 2016: 89.

12 Como se cita en Kappler, 1986: 138.

13 Kappler, 1986: 292.

14 Freud, 1910: 1035.

15 *Ibid.*: 1309.

16 Diablillos traviesos, hoy edulcorados como delicados gnomos del folclore e, incluso, como ayudantes de Papá Noel.

17 Kappler, 1986: 299.

18 Cf. Freud, 1923.

19 Freud, 1910: 2246.

20 Kappler, 1986: 299.

21 Eliade, 1972: 60.

22 Kappler, 1986: 319.

23 *Ibid.*: 320.

24 *Ibid.*: 326.

25 *Ibid.*: 328.

26 *Ibid.*: 331.

27 *Ibid.*: 328.

28 Céard, 1971: XXXVII.

29 Paré, 1987: 21.

30 *Ibid.*: 22.

31 *Ibid.*: 22.

32 *Ibid.*: 47.

33 *Ibid.*: 79.

34 Cf. Thevet, 1978; Messias, 2021c.

35 Paré, 1987: 135.

36 Salgado, 2016: 144.

37 *Ibid.*: 137.

38 Leeder, como citado en Salgado, 2016: 137.

39 Goddu, 2000: 137-138.

40 Bassols, 2017: 94.

41 Miller, 2010: 447-448.

42 Cf. entrevista de Tom Philip: https://www.gq.com/story/guillermo-del-toro-says-that-shape-of-water-fish-dildo-is-not-accurate. Consultado el 12 mayo 2018.

43 Ludueña Romandini, 2020: 74.

44 Cf. entrevista de Ryan Painter: http://kutv.com/news/entertainment/empathy-for-the-other-guillermo-del-toro-talks-the-shape-of-water.

45 Especie de piscina donde, en la cultura judía, se sumerge a la novia antes de la boda, a un converso que se encuentra en la última etapa de conversión, o a la mujer después de tener un hijo o pasados doce días desde el inicio del ciclo menstrual, con el objetivo de purificarse. Existen otras aplicaciones del ritual de inmersión, el cual puede variar de una comunidad a otra.

46 Cf. Haraway, 1995.

47 Cf. Hayles, 1999.

48 Olney, 2014: 386.

49 Alarcón, 2016: 29.

50 Cf. entrevista de Carlos Megía: https://elpais.com/smoda/la-forma-del-agua-polemica-sexual.html.

51 Cf. Carroll, 1990: 220.

52 Sobre los zombis en esta película, cf. Messias, 2020c: 433-441.

53 Hantke, 2014. 266.

54 La Santa Compaña es una leyenda íbera pagana que fue cristianizada y de la que hasta al día de hoy existen varias versiones, incluso en el interior de Brasil. La trama gira en torno a una procesión de ánimas del purgatorio. A medianoche, los fantasmas salen detrás de una persona viva que lleva una cruz y un caldero de agua bendita. Esta persona no puede en ningún caso mirar atrás, y solo podrá liberarse de tan infausta función entregando su compromiso a otro mortal. Para una versión de la región brasileña de Minas Gerais, cf. Messias, 2004.

55 Gómez García, 2013: 195.

56 Reyes, 2017: 192.

57 Al igual que ocurrió con el cine mundial, el cine catalán tuvo sus inicios como entretenimiento popular y de masas, como *un art de barraca*, «un arte popular, de las masas». La primera película surgió apenas dos años después del debut de los hermanos Lumière en París: fue en 1897, en un *casinet* del barrio de Sants, en Barcelona, cuando Fructuós Gelabert rodó *Baralla en un café*. A él le siguió Segundo de Chomón (*L'hereu de can Pruna*, 1902).

6. La crisis de lo humano en *Errementari: el herrero y el diablo*

1 Sobre el concepto de goce, cf. Lacan, 1981.

2 Cf. Messias, 2020c.

3 Cf. Messias, 2020c.

4 Herculano, s. f.

5 Para conocer otra versión de esta leyenda, cf. Messias, 2010.

6 Lotman, 1996 [1981]: 78.

7 Lampis, 2016: 145.

8 Eco, 2007: 10.

9 Eco, 2004: 149.

10 Kappler, 1986: 235.

11 Messias, 2020c: 153-154.

12 Lacan, 2013: 381.

13 Leite, 1991: 155.

14 Kappler, 1986: 132.

7. Elogio de los monstruos

1 Texto adaptado de la conferencia presentada en el evento «EBP na Cidade», promovido por la Escuela Brasileña de Psicoanálisis (EBP), Sección São Paulo, en colaboración con Fnac Pinheiros, el 17 de marzo de 2018, en la ciudad de São Paulo, Brasil.

2 Cf. Messias, 2004.

3 Herculano, 1924: 3.

4 Cf. Messias, 2004.

5 Aquí, simbólico, imaginario y real se refieren al importante paradigma humano establecido por Jacques Lacan.

6 A este respecto, cf. Messias, 2022a.

7 Cf. Messias, en prensa.

8 Para un análisis de *Melancolía,* cf. Messias, 2024: 225-229.

9 Cf. Messias, en prensa.

10 Para una aproximación entre psicoanálisis y neurociencias, cf. Messias, 2022a.

Este libro se terminó de imprimir el 1 de abril de 2026.
Gracias por el tiempo dedicado a su lectura.
Si quieres conocer otros libros publicados por
Punto de Vista Editores, visítanos en
puntodevistaeditores.com
También puedes seguirnos a través de
las redes sociales

Historia y pensamiento

16. *Víctimas del absolutismo. Paradojas del poder en la España del siglo XVIII* 2.ª ed.
    José Luis Gómez Urdáñez

17. *La democracia en palabras*
    Joan Navarro y Miguel Ángel Simón (eds.)

18. *Inspiración y talento. Dieciséis mujeres del siglo XX*
    Inmaculada de la Fuente

19. *Doña Francisca Pizarro. La ilustre hija del conquistador*
    María Rostworowski

20. *Historia del Perú contemporáneo. Desde las luchas por la Independencia hasta el presente*
    Carlos Contreras y Marcos Cueto

21. *Filosofía para una vida peor. Breviario del pesimismo filosófico del siglo XX* 2.ª ed.
    Oriol Quintana

22. *César contra Vercingétorix*
    Laurent Olivier
    Traducción de Nuria Durán

23. *Pospornografía. Estética y comunicación en la era viral*
    Julio Pérez Manzanares

24. *Esperando a los robots. Investigación sobre el trabajo del clic*
    Antonio A. Casilli
    Traducción de Juan Riveros

25. *El movimiento sofístico*
    G. B. Kerferd
    Traducción de Ignacio Etchart

26. *Diarios completos*
    Manuel Rico

27. *Miseria y gloria de la crítica literaria*
    Edición y prólogo de Constantino Bértolo

28. *Historia cultural de la medicina. Vol. 1. Medicina arcaica. De las enfermedades prehistóricas a los papiros médicos del antiguo Egipto*
    Orlando Mejía Rivera

29. *Historia cultural de la medicina. Vol. 2. Medicina antigua. De Homero a la peste negra*
Orlando Mejía Rivera

30. *Historia cultural de la medicina. Vol. 3. Medicina renacentista. De Leonardo da Vinci a la sífilis*
Orlando Mejía Rivera

31. *La condición del hombre corriente. Ensayo sobre el humanismo de George Orwell*
Oriol Quintana
Traducción de Pol Ruiz de Gauna e Irene Baucells de la Peña

32. *Estética de la tragedia. La expresión de la muerte en el arte europeo del siglo* XX 2.ª ed.
Germán Piqueras

33. *El absolutismo ilustrado y los pobres. Asistencia y represión en el Madrid del siglo* XVIII
Jacques Soubeyroux

34. *Estímulo y censura. Una aproximación al sistema literario de la RDA*
Ibon Zubiaur

35. *Leyendas de los mapas. Una lectura geopoética de la cartografía* 2.ª ed.
Pedro García Martín
Prólogo de Julio Llamazares

36. *El laboratorio de la naturaleza. La montaña y la imagen del mundo desde el Renacimiento al Romanticismo*
Paola Giacomoni
Traducción de Álida Ares
Prólogo de Eduardo Martínez de Pisón

37. *Peajes de la crítica latinoamericana*
Wilfrido H. Corral

38. *Sol. Mitos, historia y sociedades*
Emma Carenini
Traducción de Salomé Landivar y Melina Blostein

39. *La memoria de Borges. Lectura, símbolos y ficción*
Miguel Antón Moreno
Prólogo de Fernando Castro Flórez

40. *Retratos con Federico*
Sergio Téllez-Pon

41. *Pensamientos*
Blaise Pascal
Edición y traducción de Mauro Armiño
Prólogo de Francesc Torralba Roselló

42. *Enemigos de Hitler. Juventud y resistencia en la Alemania nazi*
Guillermo García Domingo

43. *Al desnudo. El cuerpo griego y romano*
Caroline Vout
Traducción de Amelia Pérez de Villar

44. *Micropolítica del amor. Deseo, capitalismo y patriarcado*
Myriam Rodríguez del Real, Javier Correa Román

45. *Acoso y derribo. Pensamiento literario y disidencia política en la posguerra española*
Santos Sanz Villanueva

46. *Ilusorias. Las imágenes del poder*
Pedro García Martín
Prólogo de Carlos García Gual

47. *Bukowski. Rey del underground*
Abel Debritto

48. *El monstruo como condición humana. Antropoceno y colapso de la civilización*
Adriano Messias
Traducción de José Luis Sansáns

49. *Mujeres silenciadas en el Renacimiento. 1. La corte, la Iglesia y los límites de la ortodoxia*
Sandra Ferrer

50. *Historias bajo el mar*
Pietro Spirito
Traducción de Álida Ares

51. *Historia cultural de la medicina. Vol. 4. Medicina moderna. De William Harvey al descubrimiento de los gérmenes*
Orlando Mejía Rivera

52. *El libro en tiempos de guerra. Bibliotecas y lectores en épocas de conflicto*
Andrew Pettegree
Traducción de Amelia Pérez de Villar

53. *El mundo según Hannah Arendt*
Peter Venmans
Traducción de Laura Alonso Padula

54. *Mujeres silenciadas en el Renacimiento. 2. Las artes, las ciencias y las primeras feministas*
Sandra Ferrer

55. *Carlomagno*
Bruno Dumézil
Traducción de Lourdes Martínez Pérez

56. *Guerra y esclavos en Grecia y Roma. El modo de producción bélico*
Luciano Canfora
Traducción de Álida Ares

57. *Catilina. Una revolución fallida*
Luciano Canfora
Traducción de Álida Ares

58. *La muerte de las catedrales*
Marcel Proust
Edición y traducción de Mauro Armiño

59. *Sobre la educación de los hijos*
Michel de Montaigne
Edición y traducción de Mauro Armiño

60. *Parnasianos, coloristas y anticuarios. Los eslabones perdidos del modernismo español*
Miguel Ángel Feria
Prólogo de Rosa García Gutiérrez

61. *Concord 1845. Un paseo con Emerson y Thoreau*
Diego Cobo